dtv

Eine Schwäche für das männliche Geschöpf haben nicht nur heterosexuelle Frauen. Schwule wissen, was Männer wirklich wollen, denn sie haben Sex mit Männern und sind selbst welche – eine dankbare Kombination für wißbegierige Frauen. Schließlich kann frau einem schwulen Freund all die Fragen stellen, die sie ihrem Partner gegenüber nie zu stellen wagte, die sie aber immer schon brennend interessiert haben. Mit Witz und Charme enthüllt Dirk Ludigs kleinere und größere Geheimnisse aus dem Sexualleben des Mannes.

Dirk Ludigs, geboren 1965, studierte Geschichte, Politologie und Germanistik. Er absolvierte die Henri-Nannen-Schule und arbeitet heute als Redakteur für das Fernsehmagazin ›liebe sünde‹. Er veranstaltete Sexparties, unter anderem im Berliner KitKat-Club. Zur Zeit lebt er in San Francisco. Gemeinsam mit Holger Zill veröffentlichte er ›Wolff. Ein Pornostar packt aus‹ (Berlin 1997).

Dirk Ludigs

Ran an den Mann!

Sextips für Frauen

Deutscher Taschenbuch Verlag

Für Anthony,
den Mann, den ich wirklich will

Ein Projekt der Edition diá, Berlin

Originalausgabe
Februar 1999
2. Auflage Mai 1999
© 1999 Deutscher Taschenbuch Verlag GmbH & Co. KG,
München
Umschlagkonzept: Balk & Brumshagen
Umschlagfoto: © Barbara Bordnick, N. Y.
Lektorat: Kai Precht, Berlin
Gestaltung und Satz: Rainer Zenz, Berlin
Gesetzt aus der Sabon 10/13˙ mit QuarkXPress
Druck und Bindung: C. H. Beck'sche Buchdruckerei,
Nördlingen
Gedruckt auf säurefreiem, chlorfrei gebleichtem Papier
Printed in Germany · ISBN 3-423-20204-1

Inhalt

Ich habe [...] eine Theorie entwickelt über die moderne Liebe als eine Art »Homosexualität« – ich benutze den Ausdruck im Sinne von »homogen« – diese Liebe hat mehr die Form einer leidenschaftlichen Sympathie, einer Gemeinsamkeit in der Hinwendung zu Ideen und Idealen, als daß sie ein persönliches Aufgehen ineinander und Sich-Hingeben füreinander bedeutet [...] Man kommt einander vielleicht nicht so nah wie die Menschen, die die Fähigkeit zum Ineinander-Aufgehen haben, und man stellt nicht das Lebensziel des jeweils anderen dar, aber während man man selbst ist und sein eigenes fernes Ziel anstrebt, findet man das Glück in dem Bewußtsein, doch in alle Ewigkeit parallel zueinander zu laufen.

Tania Blixen am 5. August 1926 in einem Brief aus Afrika

Mehr als ein Vorwort

›Wer sich nicht traut, kommt nicht weiter‹, ›Gute Mädchen kommen in den Himmel, böse überall hin‹, ›Mich übersieht keiner mehr‹. Die Buchhandlungen quellen über von Titeln wie diesen, der ›Machiavelli für Frauen‹ wird zur neuen Bibel erhoben. Nein, ich finde nicht, daß diese Bücher überflüssig sind; ich finde, Sie sollten sie alle lesen und versuchen, alles zu beherzigen. Fürs Leben kann man nie genug lernen. Wenn Sie dann alles verstanden haben und es nichts genützt hat, gehen wir einen Kaffee zusammen trinken, und ich erzähle Ihnen, was ich den Leserinnen im folgenden leider nur beschreiben kann. Beim Erzählen schauen Sie mir in die Augen, und Sie werden sehen, wann ich die Wahrheit biege, weil ich mich und mein eigenes Geschlecht schonen möchte, wann ich so tue, als verstünde ich, und doch nichts weiß. Auf das müssen die Leserinnen verzichten.

Und wer glaubt schon, daß erst die Lektüre von Ratgebern unser Liebesleben erfüllter macht? Mein Credo ist, und das sollte auch für Ihre Lektüre dieses Ratgebers gelten: Lassen Sie sich nicht belehren, allenfalls anregen. Lassen Sie sich gehen und fallen. Haben wir doch alle Erfahrung darin, hart aufzuschlagen, wenn wir Angst haben und verkrampfen. Aber wenn wir auf uns hören, werden wir, in wessen Armen auch immer, weich landen. Dieses Buch kann Sie unterstützen, wenn Sie Genaueres über die Arme und deren Inhaber wissen wollen, ob es nun Ihre erste Beziehung, der dritte Ehemann oder die Diskothekenbekanntschaft der letzten Nacht ist. Es kann Ihnen helfen wie dem Koch, den – und wäre er noch so gut – die Lektüre von Kochbüchern sein Leben lang stimulieren wird, und sei es nur zum Widerspruch. Die Tücke eines Sexratgebers für Frauen durch einen Mann ist mir dabei sehr wohl bewußt.

Ich vergleiche Sexualität gerne mit Essen. Beide Bedürfnisse scheinen mir existentiell und ähnlich wichtig für unser Wohlbefinden, beide sind nur so gut wie ihre Zutaten und deutlich Geschmacksfragen unterworfen. Sie bieten eine fast unendliche Vielzahl von Varianten, sich zu verhalten. Sie können sie vergessen und verdrängen (die eine Kartoffel zwischendurch reicht aus, um Ihre Lebensfunktionen in Gang zu halten), Sie können sie schlicht befriedigen.

Aber: Sie haben die Möglichkeit, sich Zeit zu nehmen, sich Ihre Lust auf der Zunge zergehen zu lassen, sich die Lippen zu lecken und Ihrem Verlangen zu frönen, indem Sie die (Küchen aller) Herren aller Länder kennenlernen, ungezwungen und sinnlich. Viele stopfen und schaufeln ohne Gefühl Nahrung in sich hinein, stillen ihren Hunger, wie sie U-Bahn fahren: Hauptsache, es geht schnell und funktioniert. Mit dem Ausleben von Lust hat das nicht viel zu tun. Denn erst die gelungene Inszenierung, die Erfüllung des hungrigen Begehrens hat Aroma und hinterläßt einen Geschmack, auch auf mehr.

Wer sein Verlangen am Sexuellen entdeckt hat, sollte sich nicht länger mit der gedankenlosen Befriedigung körperlicher Notwendigkeiten, sprich billigem Sex, zufriedengeben. Das ist kein Argument gegen eine schnelle Nummer, auch die kann Spaß machen. Dieses Buch ist ein kleines Kochbuch des Begehrens, das Appetit macht. Sie können die Rezepte nachschmecken, -kochen, Ihrer eigenen Phantasie freien Lauf lassen, sie verfeinern und neue erfinden.

Das Buch ist ein Ratgeber für Frauen, deren Objekt der Begierde männlich ist und die ihre Lust er- und ausleben wollen. Und welcher Happen schmeckt besser als der, der gerne »vernascht« wird – auch wegen der Lust an der Lust? Welche Liebeskunst ist besser als die, die allen Beteiligten ein Leckerbissen ist?

Und selbst wenn Sie diese bisher wirklich nicht vermißt haben: Im Dschungel der Geschlechter hat die heterosexuelle Frau vor allem schwule Männer als Alliierte. Nicht weil wir die besseren Männer wären (weit gefehlt!), sondern weil wir das gleiche Ziel und ein gemeinsames Schicksal haben – die folgenschwere Neigung für die Schöpfung Mann. Was Männer wirklich wollen, Schwule sollten es am besten wissen. Sie lieben Männer und sind selber welche, eine dankbare Kombination für jede heterosexuelle Frau, die mehr über Männer und ihren Eros erfahren möchte.

In vielen nicht-christlichen, nicht-monotheistischen Kulturen haben Homosexuelle, Transvestiten und Transsexuelle von jeher eine Mittlerrolle. In vielen Stämmen Nordamerikas galten sie als heilig, weil sie vermeintlich männlichen und weiblichen Spirit miteinander verbanden. Zuviel der Ehre, aber ein wenig Licht in das Dunkel zu bringen, indem ich all das verrate, was ich darüber weiß, wie Männer sexuell »funktionieren«, und Tips gebe, wie Sie sich dieses Wissen zunutze machen können, ist mein Anliegen.

Männer sind meiner Erfahrung nach nicht besonders auskunftsfreudig, wenn es um Sex geht, zumal ihren eigenen. Die wenigen zusammengesuchten Worte wie »Wow, das war großartig!« helfen dabei nicht wirklich weiter, zu erfahren, was denn nun konkret großartig gewesen ist. Es ist wohl allgemeine Etikette, Fehler und Versäumnisse des Partners vor der Schlafzimmertür zu lassen. Fragen Sie eine Freundin, die von ihrem Mann wissen wollte, wie er es lieber mag. Sie wird immer antworten, er habe entgegnet: »Ich mag es, wie du es machst.« Männer sind höflich, manchmal auch dankbar, und schweigen gerne über kleine Mißgeschicke und Ungeschicklichkeiten.

Einige unserer abgründigen Strukturen und Vorlieben werden Ihnen vielleicht nicht gefallen. Aber sie nicht sehen zu wollen macht das Verhältnis zu Männern auch nicht einfacher. An einigen Stellen werden Sie hoffentlich herzhaft lachen – das ist gut so, denn Sinnlichkeit und Spaß sind Geschwister, die sich gut verstehen. Ich lache mit meinen Freundinnen oft und gerne über unseren Sex, unsere Reinfälle und Erfolge.

Natürlich bin ich bei diesem Unterfangen nicht ganz frei von Selbstzweifeln. Wenn ich die Veröffentlichungen über die Liebe im allgemeinen und im besonderen verfolge, kommt es mir manchmal vor, als wäre sie etwas hochgradig Kompliziertes, manchmal gar Unnatürliches. Diese Angebotsvielfalt zur Lösung menschlicher Probleme erweckt bei mir zuerst den Eindruck, es müsse einen Haufen Schwierigkeiten geben und nur wenig, bis auf einige anatomische Ausnahmen, scheine zueinander zu passen.

Jede Zeitschrift von ›Brigitte‹ über ›Elle‹ bis ›Max‹ liefert dafür Beweise im Dutzend. Von der behaupteten

Inkompatibilität leben Heerscharen von Journalisten, Buchautoren (sic!), Psychologen, Soziologen, Wissenschaftler und nicht zuletzt die Pharmaindustrie – man denke nur an die menschheitsbewegende Diskussion über die neue Potenzpille Viagra. Die sexuelle Befreiung der sechziger und siebziger Jahre hat diesen Zustand, wie es scheint, eher befördert. Im Fahrwasser der allgemeinen Verunsicherung streicht eine explodierende Sexindustrie ihre Profite ein, die desto stärker wachsen, je tiefer die Malaise der Beziehungen empfunden wird. Aber wie viele dieser Probleme existieren wirklich, und wie viele werden erst erfunden, indem man über ihre Lösung publiziert?

So habe ich versucht, in diesem Buch nicht zuallererst über die Bewältigung schwieriger Beziehungsprobleme nachzudenken (zugegeben: so läßt es sich *auch* lesen), sondern lediglich die Spezies Mann und seinen Sex zu beleuchten. Denn schließlich ist Wissen Macht.

Aber seien wir ehrlich, meine Tips sind auch nur Stückwerk. Sexualität findet nicht im freien Raum statt, sie ist Entwicklungen ebenso unterworfen wie Moden, nicht alles läßt sich lernen. Es ist wie bei guten Kochrezepten: Ohne die Lust zum Kochen, Bekochen und Genießen und eine freie, individuelle Herangehensweise wird auch dem Essen immer das gewisse Etwas fehlen. Zu jeder meiner Aussagen über Männer findet sich in der Wirklichkeit ein lebendes Gegenbeispiel – wie auch sonst? Und schließlich, was ist »männlich«, was »weiblich« und, vor allem, wo das Gegenbeispiel?

Doch trotzdem lassen sich Tendenzen beschreiben und Annäherungen finden. So kann nicht jeder Rat, nicht jede Geschichte dieses Buches die ungeteilte Aufmerksamkeit und Zustimmung aller Leserinnen erhalten. Im Ganzen gesehen habe ich versucht, so viele Ratschläge wie nötig und so viele Geschichten wie möglich zusammenzuführen. Denn aus Erlebnissen, zuerst aus eigenen, dann aber auch aus denen anderer, erfahren wir am meisten.

Viel Spaß bei dieser Entdeckungsreise!   *D.L.*

Coming-out
Die Selbstentfaltung

Heraus damit!

Fangen wir damit an, was Sie machen können, wenn Sie nicht auf die »langsamere Hälfte der Menschheit« warten wollen. Meine Grund- und Eingangsthese lautet: Würde auch nur die Hälfte der Menschheit ihr Coming-out zelebrieren, hätten alle doppelt soviel Spaß an der Liebe.

Wollust heißt der Schatz, den jeder besitzt. Wer ihn nicht hebt, wird Reichtum, also sexuelle Befriedigung, nur zufällig erlangen – und ohne die keine Lebensharmonie, nie und nimmer.

Das indische ›Kamasutra‹ wird im Westen stets als eine Gebrauchsanleitung der Stellungen mißinterpretiert. Doch die sind nur Mittel zu einem höheren Zweck. Das ›Kamasutra‹ ist eine Anleitung zum Glücklichsein, zum Gewinn körperlicher und seelischer Harmonie. Sie haben hoffentlich nicht wirklich geglaubt, daß Körperharmonie nur Sportstudio, daß Körperlichkeit nur die Summe von Torso, Armen und Beinen ist und damit abzutun wäre. Dann hätten Sie die Rechnung ohne den Wirt gemacht, denn auch Gefühle sind zutiefst körperlich, was sonst?

Als harmonisch gilt dem ›Kamasutra‹ und der ihm zugrundeliegenden Philosophie die Abwesenheit von Frustration (zuwenig Sex) und Sucht (zuviel Sex). Wer eine harmonische Sexualität lebt, kann sich entspannt um all die anderen Dinge des Lebens kümmern. Erotisches Geschick ist eine Fertigkeit, die man lernen und vervollkommnen kann. Aber die richtige Handhabung kann nur dem helfen, der sich seiner eigenen Lust bewußt wird. Darum: Heraus damit! Für ein Coming-out ist es selten zu früh und nie zu spät. Wieweit Sie dabei mit Eigenarten männlicher Erotik und männlicher Sexualität rechnen müssen, soll Ihnen dieses Buch verdeutlichen. Wie ein solches Coming-out aussehen kann, soll meine eigene Pubertät beispielhaft und plastisch vermitteln.

Geburt eines Frauenhelden

Als die Jungs aus meiner Clique begannen, den Mädchen hinterherzuschauen, brach meine bis dato heile Welt entzwei. Ihnen dagegen tat sich eine neue auf. Thomas, Christian, Felix und Wulf, sie alle wußten genau, wohin sie wollten: zu den jungen Frauen. Nur ich wußte erst einmal gar nichts mehr, außer vielleicht, daß ich gerne weiter mit den Jungs um die Wette »Hand an mich gelegt« hätte. Vielleicht hatte sich meine Lust auf Frauen verspätet?

Etwas anderes nagte an mir. Ich fühlte mich häßlich. Kassenbrille und Pickel aller Größen zierten mein Gesicht, und ich war so dünn, daß das Zählen meiner Rippen im Umkleideraum zum festen Freizeitvergnügen der Mitschüler gehörte. Die Damenwahl bei der Tanzstunde bescherte mir den bis dahin demütigendsten Moment meines jungen Lebens – kurz: Frauen pflegten mich nicht zu beachten.

Die Wende kam mit sechzehn Jahren. Was mich plötzlich zu einem Frauenliebling machte, war mein Comingout als Schwuler. Meine Mitschüler bekamen zunächst lediglich mit, daß ich eines Morgens mit einer lustigen dreieckigen, rosafarbenen Brosche am Revers zum Unterricht erschien. Der modebewußten Claudia fiel das gute Stück natürlich sofort auf, und sie wollte wissen, wo ich es herhatte.

»Das ist ein Rosa Winkel, den mußten die Homosexuellen im KZ tragen«, gab ich zur Antwort.

Nach einer kurzen Pause fragte Claudia: »Bist du etwa andersrum?«

»Ja, ich bin schwul.« Ich sagte das voll neugewonnenem Stolz, wenn auch mit brüchiger Stimme.

»Das finde ich aber mutig von dir!«

Es lag kein Mut in diesem Moment. Jeder Eisverkäuferin hätte ich ungefragt erzählt, daß ich schwul bin, so froh war ich, endlich zu wissen, wer ich bin. Es war mein Coming-out, ich war »herausgekommen«!

Zwar hatte ich noch immer Pickel, eine Kassenbrille und die Figur des klassischen »Hungerhakens«, aber plötzlich rissen sich im Schulbus die begehrtesten Mädchen um den Platz neben mir. Sie steckten mir Zettel zu, in denen sie meine Meinung zu ihrem derzeitigen Schwarm erfragten, ich wußte ihre geheimen Träume, und mit den schönsten Jungen der Schule wurde ich zu Mädchengeburtstagen eingeladen. Ich stand im Mittelpunkt – der Frauen! An die Jungs kam ich leider noch immer nicht ran. Wie ich das doch noch geschafft habe, ist ein anderes Thema ...

Männliche Triebe – weibliche Lust

… unser Thema ist, was Sie tun können und vielleicht noch nicht ausprobiert haben, um an diese mittlerweile erwachsenen und interessanten Männer heranzukommen, beziehungsweise das wahrhaft Attraktive an Ihrem Exemplar zu finden. Eines ist klar: Ihr erster Schritt *muß* sein (entschuldigen Sie den rüden Ton, aber es ist doch wahr), Ihre Leidensfähigkeit und Bereitschaft, mit selbstverliebten Gockeln schlechte Bettgeschichten zu erleben, sofern noch vorhanden, schnellstens zu vertreiben. Auch und gerade wenn die Aussicht, daß Sie sich dieselben Freiheiten nehmen wollen und können, die Ihr männlicher Partner selbstverständlich für sich in Anspruch nimmt oder in Gedanken zelebriert, ihm die Schweißperlen ins Gesicht treibt. Schwitzen ist gesund und nur ein Grund mehr für den Untergang einer Welt, in der die Heterosexuellen, Männer wie Frauen gleichermaßen, so manches Mal neiderfüllt auf die Schwulen schauen, die dreimal miteinander im Bett gewesen sein müssen, um einmal zusammen ins Kino zu gehen, während bei Ihnen das Objekt der Begierde erst dreimal ins Kino geführt werden muß, um einmal mit ihm im Bett zu landen. Alleine die Kosten!

Wie Männer sind, darüber haben Frauen und Männer viele Abhandlungen geschrieben. Auf der einen Seite behaupten Menschen wie die kalifornische Psychologin Daphne Rose Kingma, in der männlichen Seele gäbe es nichts zu entdecken als emotionale Wüsten. Das ist eines dieser bezeichnenden Bilder: Wir alle wissen, die Wüste lebt! Oder der amerikanische Schriftsteller Edmund White: »Bei einer Umfrage klagten alle befragten Frauen, ihre Ehemänner seien außerstande, Gefühle zu zeigen, und dann stellte sich nach unzähligen Therapiestunden heraus, daß sie gar keine hatten.« Stellt sich die Frage: Gefühle oder Ehemänner?

Biologen betonen die Verbindung von männlicher Sexualität und Aggression, die beide in der gleichen Hirnpartie vom Testosteron gesteuert werden. Anthropologen stellen die These auf, daß Männer ihr Leben lang dem Sex hinterherjagen, weil es wesentlich weniger Eizellen als männliche Spermien gibt; allenfalls zur Kinderaufzucht ließen sie sich für ein paar Jahre auf monogame Verhältnisse ein. Ich weiß nicht, welche Erfahrungen Sie gemacht haben und was Sie glauben. Die Statistik behauptet etwas anderes: Mindestens ebenso viele Frauen verlassen ihre Männer wie umgekehrt. Sei es, wie es sei, mir ist der schlichte Gedanke am sympathischsten, daß es sie gibt: die Kleinen und die Großen, die Hippen und die Weniger-Hippen, die Aus- und Einsteiger, die, die alles versuchen, und die, die alles auf sich zukommen lassen, die Konservativen und die Progressiven, die Lauten und die Leisen, Männer eben. Diejenigen, die im besten Sinn »normal« sind, nicht kalt oder hochnäsig, nicht gebeugt vom Leben und leidend an ihrem Sex, sondern neugierig und offen. Vor allem neugierig. Gierig auf Bewegung und Veränderung, auf Entwicklungen, auf Beziehungen, auf das Leben, wie auch immer es gestrickt ist. Und häufig genug findet sich in den härtesten »Fällen« und Kerlen wenigstens eine Spur von allem. Jede von Ihnen kennt mindestens einen dieser Männer oder eine der Spuren in Ihrem Mann. Verfolgen Sie sie, lassen Sie nicht locker!

Soweit die Männer-Klischees. Nun ein paar über Frauen, von denen Sie wissen sollten, daß Männer sie liebevoll pflegen – die Klischees. Frauen sind in Männeraugen einfach anders. Und das ist das erste und größte Klischee: ob empfangend, duldend, treu bis zur Selbstaufgabe oder leistungs-, durchsetzungs- und leidensfähiger. Das Problem, das es zu meistern gilt, ist nicht das der Liebeskrise der modernen Gesellschaft. Das Rätsel liegt im Bewußtsein, im verbreiteten Glauben einer grundsätzlichen Unvereinbarkeit von Mann und Frau, in der Empfindung von Aussichtslosigkeit. Das aber halte ich für bequem, für eine Entschuldigung. Glauben Sie grundsätzlich bis zum Beweis des Gegenteils an Ihre Kraft und Ihre Fähigkeit, jede Situation meistern zu können.

Coming-out heißt auch, die Rollen neu zu denken, sich nicht mit ihnen abzufinden, zu den Konsequenzen der eigenen Lust zu stehen, die Angst vor möglichen Folgen zu überwinden, Probleme für lösbar zu halten. Denn erst das macht es möglich, sie auch anzugehen. Wenn Sie das zur Grundlage Ihres Handelns machen, fällt es Ihnen leichter, im Zweifelsfall die nötigen Konsequenzen zu ziehen, statt nur von ihnen zu träumen. Erleben Sie Ihr sexuelles Coming-out, kommen Sie »heraus« mit Ihrer Identität als Frau, als sexuelles weibliches Wesen!

Die Initiation

Formen des Coming-outs finden sich in jeder Kultur. Sexualität zelebrierende Kulturen kannten eine Vielzahl unterschiedlicher Rituale, die dabei halfen, Mädchen oder Jungen an diese heranzuführen. Die Suche nach der persönlichen Vision seiner selbst, unumgänglicher Bestandteil des Erwachsenwerdens, war auch die Suche nach der eigenen Sexualität, die fortan gelebt und in spirituellen

Festen gefeiert werden konnte, beispielsweise dem Sonnentanz der Lakota-Indianer. Der Stamm, aus dem der berühmte Häuptling Crazy Horse stammt, kannte nicht zwei, sondern vier Geschlechter: Männer, Frauen, Männerfrauen und Frauenmänner, je nach geschlechtlicher Ausrichtung. Sie alle waren gleichberechtigt.

Die monotheistischen Religionen des Abend- und Morgenlandes versuchten die menschliche Sexualität für Jahrtausende auf die Fortpflanzung zu beschränken. Heterosexuelle Monogamie sollte die Norm sein. Heute weicht dieses Dogma langsam auf. Aber wissen wir deshalb mehr über Sexualität?

Wie durch ein Wunder sollen aus Kindern plötzlich sexuelle Wesen werden. Der Sexualkundeunterricht, den viele durchgemacht haben, spricht von Eisprüngen und Samenergüssen, neuerdings auch von Kondomen und ansteckenden Krankheiten. Vom Wesen, vom Kern hingegen erfahren wir kaum etwas. Wer sich seine Sexualität erobern will, muß zuerst den Gang nach innen antreten, seine Visionen suchen. Nur dann kann er oder sie anfangen, sie auch zu leben, zu genießen und zu feiern.

Wie veranstaltet man ein Coming-out?
Just do it!

Meinem Coming-out vorausgegangen war eine Zeit der Selbstzweifel und Prüfungen. Langsam lernte ich, auf meine innere Stimme zu hören, und begann, meinen Körper zu erkunden. Alle Schwulen haben ähnliche Erfahrungen gemacht. Der Berliner Autor Stephan Kring schreibt in seinem Buch ›Perfekt schwul‹: »Coming-out bedeutet eine umfassende und tiefgreifende Auseinandersetzung mit der eigenen Persönlichkeit; schwul zu sein ist nur der zwingende Anlaß. Dem Hetero bleiben solche Mühen erspart. Die dabei gewonnene Selbsterkenntnis allerdings auch.« Und Edmund White formuliert: »Kein heterosexueller Mann versinkt in tiefes Nachdenken über seine Heterosexualität, es sei denn, er ist ein Esel ... Kein Homosexueller kann seine Homosexualität als selbstverständlich hinnehmen. Er muß sie abklopfen, befühlen und abhorchen ... aus diesem Grund sind alle Homosexuellen schwule Philosophen; denn sie müssen sich selbst erfinden.«

Mit dem kleinen Satz »Ich bin schwul« offenbaren Homosexuelle zum ersten Mal ihre Wünsche, und sei es nur die Sehnsucht, mit einem anderen Mann zu schlafen. Einmal getan, fällt es dann auch im Laufe des Lebens immer leichter, erotische Vorlieben, Abneigungen und Begierden zu erkennen, mitzuteilen und zu erleben. Das ist das Geheimnis eines Coming-outs. Ob wir wollten oder nicht, wir Schwule mußten (manche zudem in einer äußerst sensiblen Phase ihrer Entwicklung, während oder kurz nach der Pubertät) unser komplettes Rollenbild als Mann auf den Prüfstand stellen, unsere Sexualität in einem dornenreichen Prozeß erst definieren, dann akzeptieren und schließlich öffentlich machen, bevor wir lernen konnten, sie endlich zu erleben. Ist es das, was manche Frauen, die mit Schwulen zu tun haben, an uns schätzen?

Zwischen Frauen und Schwulen gilt das Gesetz der gegenseitigen Ungefährlichkeit. Schwule mögen Frauen, als beste Freundin und Ersatzmutti. Dabei läßt sich immer gut ein Schwätzchen halten über das, was gemeinsames Leiden schafft: Männer! Und viele Frauen schätzen es, sich mit dem anderen Geschlecht unverfänglich darüber zu unterhalten. Schwule hintertragen keine Geheimnisse. Warum auch? Heteroprobleme haben in der Schwulenwelt keinen hohen Nachrichtenwert. Sie hören ihren Freundinnen bei ihren Problemen aus purer Lust an der Selbstbestätigung zu. Na, ein Glück, daß ich auf schwule Männer stehe! Sich mit Heteromännern über Sexualität zu unterhalten ist meist nicht einfach. Entweder gelten sie, wenn sie verständig sind und die ganze Zeit nicken, bei den meisten Frauen als »Weichei« oder, wenn sie genauer nachfragen und verbal »zur Sache« kommen, als »interessiert«.

Während sich unsere heterosexuellen Mitmänner damit plagten, den seit frühester Kindheit erlernten Rollenmustern im Laufe ihrer Pubertät langsam gerecht zu werden, mußten wir uns erst freischwimmen, die Muster abschütteln. Der Kampf mit dem Rollenverständnis ist es, der Schwule und Frauen verbindet.

So weit, so gut, vielleicht auch wenig neu für Sie. Was aber nützt alle Selbsterkenntnis, wenn man sie nicht lebt? Denn das ist der entscheidende Punkt des Coming-out-Prozesses: nicht nur zu lernen, was Sie wollen (das dürften die meisten von Ihnen lange hinter sich haben), es offen auszusprechen (das dürften Sie Ihren Freundinnen des öfteren angetan haben), sondern es zu tun (hier liegt vermutlich der Schatz versenkt)!

Wer auf Männer steht, ohne das Gefühl zu haben, sie wirklich zu verstehen, oder das Gefühl hat, sie wirklich *nicht* zu verstehen, wird schon seit einer geraumen Weile versuchen, sich klar zu werden über ihre Natur. Dabei will ich Ihnen helfen.

Vielleicht ist gerade wieder einmal Ihre Beziehung zu einem Mann am leidigen Sexthema zerbrochen. Vielleicht wollen Sie nach zehn Ehejahren die schlummernde Libido neu erwecken. Vielleicht haben Sie einfach ein Faible für Männer und nie ganz verstanden, was es mit ihnen auf sich hat. Egal! Lassen Sie, während Sie die weiteren Kapitel dieses Buches lesen, Ihrer Phantasie freien Lauf. Wenn Sie abends das Buch aus der Hand legen und das Licht löschen, treten Sie ein in das Reich Ihrer Wünsche, in dem es nichts gibt, was unmoralisch, verwerflich, verboten oder unerfüllbar wäre.

Verabschieden Sie sich von den gängigen Rollenklischees und Tabus. Wenn Sie sich bisher eine erotische Wunschvorstellung versagt haben, stellen Sie nicht länger Ihre Phantasie in Frage, sondern das Verbot. Hören Sie niemals auf zu träumen, sondern hören Sie auf Ihre erotischen Träume!

Sie sind die sichersten Wegweiser im Dschungel der eigenen Sexualität. Dieses Buch wird Ihnen in den folgenden Kapiteln konkrete Hilfestellungen anbieten, »herauszukommen«, und Möglichkeiten anbieten, sie Ihrem Partner oder Ihren Partnern zu vermitteln. Von männlicher Sexualität wird die Rede sein. An jedem Punkt können Sie ansetzen, weitermachen und prüfen, ob und wie er in Ihre persönliche Welt paßt. Zelebrieren Sie Ihr Coming-out! Sie sind Ihre eigene Expertin. Führerin bei der Entdeckungsreise ist dabei nur Ihr eigenes Lustempfinden. Alles, was jetzt noch fehlt, ist der geeignete Mann (wenn nicht, hören Sie hier auf zu lesen, auf der Stelle, und konzentrieren sich auf das Wesentliche: diesen Mann).

Ran an den Mann

Die Aufreißerinnen

Die Pleite

Sabine kam völlig aufgeregt nach Hause, warf ihre Tasche auf den Tisch und brüllte: »Was bin ich für eine Idiotin!« Ich gab ihr Feuer für eine Zigarette, bot ihr einen Stuhl an, setzte Wasser für einen Tee auf und bat sie, die Geschichte von Beginn an zu erzählen. Dann gab ich ihr recht.

Sie hatte ihren Traummann gesehen, wieder einmal. Stahlgraue Augen, hervorstehende Backenknochen, bronzefarbener Teint, breitschultrig, ein Mann wie Richard Gere zu Zeiten des ›American Gigolo‹. Über die Bücherregale hinweg hatten sie ein paar verstohlene Blicke ausgetauscht, sogar einmal, kaum merklich, einander zugelächelt. Schließlich schnappte sich Richard Gere ein Werk von Sten Nadolny, ›Die Entdeckung der Langsamkeit‹, und schaute sich suchend nach einer Kasse um. Dabei trafen sich wieder, wie zufällig, ihre Blicke. Was tat Sabine? Nichts! Schlimmer noch, o heilige Einfalt, sie vergrub ihren Blick in einem langweiligen Diätratgeber und beobachtete aus den Augenwinkeln, wie Richard Gere zur Kasse eilte, wo ausgerechnet einmal niemand stand, er sein Buch bezahlte, sich sogar nach ihr umdrehte – und Richtung Rolltreppe entschwand. Jetzt erst erwachte Sabine aus ihrer Starre und lief hinterher, zu spät, natürlich!

Eine Weile irrte sie auf der Suche nach ihm noch durch das Kaufhaus, bis sie schließlich aufgab. Richard Gere blieb verschwunden.

Wir überlegten gemeinsam, was falsch gelaufen war. Natürlich hätte Sabine neun Mark achtzig in einen Diätratgeber investieren können, den sie niemals lesen würde. Besser noch hätte sie ihr Interesse an den Werken Sten Nadolnys verbal bekundet und Richard Gere gefragt, ob er einen Kaffee mit ihr trinken möchte. Aber der grundsätzliche Fehler, so ergab unser Gespräch, lag darin, das Haus zu verlassen, irgendwohin zu gehen, ohne sich vorher darüber bewußt gewesen zu sein, daß die Richard Geres dieser Welt immer und überall bereit sind, von selbstbewußten Frauen angesprochen zu werden.

Allzeit bereit!

Das ist bei vielen Schwulen grundsätzlich anders. Sie sind jederzeit bereit, stets offen für Sex und geneigt, ihm zu begegnen. Ein halber Blick in einer überfüllten U-Bahn, und die prinzipielle gegenseitige Verfügbarkeit ist abgecheckt. Fällt der Test positiv aus, wird nichts mehr dem Zufall überlassen. Steigt der eine aus, wird er verfolgt, bis sich eine Situation ergibt. Der Rest ist Genuß ohne Reue.

War der Sex gut, tauscht man Vornamen und Telefonnummern aus. Natürlich klappt das nicht immer in Perfektion. Mitunter sagt man »hallo« und steckt sich zumindest eine Visitenkarte zu, bevor jeder seines Weges eilt. Das Entscheidende ist, daß schwule Männer wissen, es kann jederzeit passieren – und innerlich darauf vorbereitet sind. Daß die Instantsex-Variante nicht unbedingt

Frauensache ist, ist mir bewußt, aber ändert das etwas am Prinzip »allzeit bereit«?

Nicht nur innerlich!

Mein Freund Axel erzählt liebend gerne die Geschichte seiner Großmutter aus dem brandenburgischen Dörfchen Klein-Mutz. Sie fiel eines Tages vom Traktor und schlug sich ihren Steiß an der Anhängerkupplung auf. Die alte Dame mußte ins Krankenhaus, und dort ereignete sich das eigentliche Drama. Zwar stellte sich die Verletzung selbst als nicht weiter tragisch heraus, zutiefst peinlich jedoch war ihr der Moment der Entkleidung.

»Wenn ich gewußt hätte, daß ich an diesem Tag vom Traktor falle, hätte ich doch meine guten Unterhosen angezogen!« jammerte Axels Oma noch Jahre später. So aber hatte sie ihre schlechten angezogen, und das war in ihrem speziellen Fall ein umgenähter Wollpullover.

Was die Qualität der Unterwäsche betrifft, können die meisten schwulen Männer bedenkenlos von einem Traktor fallen, ohne sich später schämen zu müssen. Wäsche-Schneider Calvin Klein hat an Homosexuellen ein Vermögen verdient. Aber zur Ausstattung der ständig bereiten Männerjäger gehören mehr als nur ein Paar schmucke Unterhosen, nämlich mindestens zwei Kondome, Papier und Bleistift zum spontanen Austausch von Adressen und Telefonnummern, ein Feuerzeug (auch für Nichtraucher, es sei denn, man findet Raucher völlig eklig), ein Päckchen Papiertaschentücher, Terminkalender und Visitenkarte. Etwas hysterisch und natürlich ein Zeichen pathologischer Geltungssucht ist vielleicht das Verhalten mancher Schwuler, das Haus niemals ohne

Reisezahnbürste zu verlassen. Mann weiß ja nie, wo man am nächsten Tag aufwachen wird.

Erst auftakeln, dann Segel setzen!

In Homokreisen kursiert der böse Satz: »Heteromänner ziehen zwar die gleichen Sachen an wie Schwule, aber erst ein Jahr später, aus Kunstfasern und mit C & A-Aufnäher.« Ich kenne durchaus eine Menge entsprechender Ausgaben schwuler Männer ... Sei es, wie es sei. Männer schätzen attraktives Outfit, und wer erfolgreich jagen will, kommt ohne entsprechende Kleidung nicht aus.

Gehen Sie niemals, und das meine ich ernst, aus dem Haus, ohne vorher die praktische und bequeme Trainingshose gegen ein vorzeigbares (Bein-)Kleid ausgetauscht zu haben. Vergessen Sie nicht, es könnte genau vor Ihrer Haustür der Mann stehen, auf den sie schon immer gewartet haben. Und in der Trainingshose ließe Ihnen Ihre Scham keine Wahl, als einfach weiter zu gehen. Es sei denn, Sie wären schamlos genug, auch in Ihren alten Trainingshosen ... Aber dann würden Sie nicht dieses Buch lesen, sondern vor Ihrer Haustür nachschauen.

Niemand hält eine Aldi-Tüte für ein erotisches Accessoire. Denken Sie ab heute über Handtaschen genauso! Männer stehen nicht auf Handtaschen, weder bei sich noch bei Frauen. Wann immer es geht, verstauen Sie, was Sie wirklich brauchen, in Ihrer Kleidung. Ich weiß, ich weiß, Damenmode läßt selten große Taschen zu, ein modischer Kompromiß sind die praktischen kleinen Rucksäcke, die seit ein paar Jahren durch die Großstädte dieser Welt getragen werden. Was dort nicht hineinpaßt, das brauchen Sie nicht wirklich.

Ewige Jagdgründe

Die Suche nach Geschlechtspartnern hat im einschlägigen Jargon einen Namen: Cruising, auf deutsch »herumkreuzen«. Was homosexuellen Männern hilft, nicht allzuoft in die falsche Schublade zu greifen (das ist peinlich und manchmal sogar gefährlich), ist ihr siebter Sinn, mit dem sie Schwule von Heteros unterscheiden. »Gaydar« nennt sich der, eine Wortschöpfung aus »Gay« und »Radar«.

Cruisen verwandelt jeden schnöden Gang zum Supermarkt in einen halbstündigen Abenteuerurlaub. Cruisen läßt sich überall. Badeanstalten, Sporthallen und Fitneßstudios sind hervorragend dazu geeignet, denn zwischen Schwimmbecken oder Hantelbänken denken Männer gerne an das eine. Erotischen Phantasien nachzuhängen und gleichzeitig eine Erektion in der knappen Badehose zu vermeiden ist für viele Männer ein ständig wiederkehrendes Problem.

Cruisingexperten werfen im Freibad oder im Saunabereich des Sportstudios zudem schon mal einen genaueren Blick auf die sonst verborgenen Zentimeter, das erspart so manche Enttäuschung. Ja, ich weiß schon, Sie werden das natürlich empört von sich weisen. Wen interessieren die Zentimeter. Frauen sind nicht so, es kommt auf die inneren Werte an. Nun denn ...

Im Sommer locken natürlich auch Parks und Grünanlagen, in denen man sein Handtuch in drei bis fünf Meter Entfernung des jeweiligen Traumtypen auswirft.

Cruisinggelände Nummer eins aber ist und bleibt die Straße. Wenn Ihnen das nächste Mal auf dem Bürgersteig ein attraktiver Mann entgegenkommt, zu dem Sie nicht nein sagen würden, lassen Sie ihn vorbeilaufen, zählen bis drei und drehen sich um. Wenn Ihr Gegenüber auch nur das geringste Interesse an Ihnen hat, wird er genau das gleiche tun!

Da stehen Sie nun, sich über bestenfalls zehn Meter hinweg mit Blicken fixierend wie einst Gary Cooper sein Gegenüber in ›High Noon‹. Nur begehrlicher. Was noon? Das haben Sie sich hoffentlich vorher überlegt beziehungsweise sich informiert. Denn diese Situation bedarf einer relativ ausgefeilten Regie. Sie müssen sich zuallererst darüber klarwerden:

- Lohnt es sich wirklich, diese zehn Meter zu überwinden? (Selbstkontrolle)
- Wer macht den ersten Schritt? Sind Sie sich zu schade oder zu allem bereit? (Selbstbewußtsein)
- Was sagen Sie, wenn Sie vor ihm stehen, außer »hallo«? (Selbstversuch)

Kleine Tagesflirtschule

Die Erfolgsformel beim Männer-Cruisen kann nur heißen: nicht zuwenig, nicht zuviel! Beschleicht ihn das Gefühl, Sie seien hinter ihm her wie der Teufel hinter der armen Seele, wird er entweder aus Angst, oder weil Ihre Gier ihn abschreckt, das Weite suchen. Sind Sie aber zu schüchtern, ist er es garantiert auch. Verlassen Sie sich niemals darauf, daß Sie ihm genug Hinweise gegeben haben und er Sie nun gefälligst ansprechen soll. Er wird es vielleicht nicht tun, und Sie werden sich ärgern.

Der bessere Weg ist immer, selbst die Initiative zu ergreifen, und zwar mit einem Spruch, der sich aus der jeweiligen Situation ergibt. Richard Gere wäre wahrscheinlich schon mit der Frage: »Die Entdeckung der

Langsamkeit? Aber Zeit für einen schnellen Kaffee haben Sie, oder?« zu haben gewesen. Mehr Idee muß gar nicht sein. Im Gegenteil: Sie wollen ja, daß er Ihre Masche durchschaut, und nicht über deutsche Gegenwartsliteratur reden.

Übrigens: immer Fragen stellen, am besten Fragen nach dem Wo, Wie oder Wann. Diese sogenannten offenen Fragen bringen Ihr Gegenüber in Zugzwang, mehr zu sagen als nur ja oder nein. Auf der Straße ist es durchaus von Vorteil, ortsfremd zu sein, selbst wenn Sie vor Ihrem eigenen Haus stehen. Jeder Mann ist bereit, eine orientierungslose Frau ein paar Straßen weiter bis zur Wohnung ihrer lange verschollenen Freundin zu begleiten. Dankbar, wie Sie sind, laden Sie ihn für den nächsten Nachmittag zu einer Tasse Kaffee ein.

Weibliche Reize

Schwule und Heteromänner unterscheiden sich nicht darin, daß sie gerne hingucken. Unterschiedlich sind die Bereiche des menschlichen Körpers, denen ihr Interesse gilt. Homosexuelle schauen zuerst auf den Hintern, dann – wenn der Betreffende nicht schon verschwunden ist – auf die Beule zwischen den Beinen, zuletzt ins Gesicht. Heteros schauen auch aufs Gesicht, am meisten aber auf Brüste und Beine, manche auch auf Hände und Füße, oder doch den Hintern? Ach, am Ende sind Männer doch alle gleich!

Aber ich glaube, vor allem die Beine ziehen die Aufmerksamkeit auf sich. Nicht umsonst wird diesem Teil der weiblichen Anatomie in bestimmten Kreisen höchstes Lob gezollt, durch den Vergleich mit des Deutschen liebstem Kind, dem Automobil: tolles Fahrwerk, aufreizendes Fahrgestell! Na ja.

In dem Fernsehmagazin ›liebe sünde‹ hatte ich vor ein paar Jahren einen Beitrag über Frauenbeine zu verantworten, und viel mehr war in den fünf Minuten auch nicht zu sehen. Rein journalistisch war das Machwerk ein echter Tiefflieger, quotentechnisch dagegen der absolute Renner. Anderthalb Millionen schalteten sich zu und blieben hängen. Ich möchte wetten, es waren anderthalb Millionen heterosexuelle Männer. Werfen Sie doch zur Kontrolle einen Blick auf die lebenden Schönheitsideale, die Supermodels: Beine, so lang wie ... lange Beine eben. Weitere Fragen? Wenn Sie mit Ihren Beinen Aufsehen erregen können, tun Sie es! Kaufen Sie sich Schuhe, so hoch, daß Sie gerade noch laufen können. Ein bißchen Gosse findet jeder Mann sexy. Ziehen Sie sie an, aber üben Sie unbedingt vorher laufen, denn Umknicken ist gefährlich für Ihre Knöchel und Stochern nicht erotisch. Aber Tips zu Kleiderfragen möchte ich Ihnen bewußt nicht geben, denn darüber wissen Sie mehr, als ich je erfahren werde.

Von Nasen und anderen Trugschlüssen

Im Unterschied zu vielen anderen Dingen des praktischen Lebens kann man Männer beim »Erwerb« nicht kurz aus der Verpackung nehmen, ausprobieren und eventuell zurückgeben. Aus diesem Grund haben bereits unsere Großmütter ein paar Regeln aufgestellt, um aus dem äußeren Erscheinungsbild eines Mannes auf seine verborgenen Qualitäten zu schließen. Die bekannteste lautet: »Wie die Nase eines Mannes, so auch sein Johannes.«

Was immer Großmama mit dem »Johannes« gemeint hat, der Penis kann es nicht gewesen sein. Schwule Männer schauen nicht auf die Nase, die in den seltensten Fällen Rückschlüsse auf Größe und Form eines Schwanzes zuläßt. Sie schauen vielmehr auf Hände und Füße. Auch da besteht keine Erfolgsgarantie, aber die Chance ist allemal größer als bei Nasen. Besonders Länge und Gestalt der Finger scheinen in einem noch unerforschten genetischen Zusammenhang mit Form und Größe des männlichen Gliedes zu stehen. Ich gebe zu, dieser Tip ist mit Vorsicht zu genießen. Unsere Enkel werden schreiben: Was immer unsere Großeltern mit dem Blick auf die Hände erkennen wollten ... Lassen wir uns also einfach weiter überraschen.

Wer wissen will, wie viele Haare sich unter dem Hemd eines Mannes befinden, schaut am besten auf die Unterarme und den Kragen. Quellen dort bereits Urwälder hervor, wird auch der Rest nicht gerade aussehen wie ein Babypopo. Die Beinbehaarung spricht eine weniger deutliche Sprache, denn eine stattliche Anzahl Männer hat zwar behaarte Beine, ist aber oberhalb der Taille völlig glatt. Natürlich hilft auch ein Blick ins Gesicht. Nicht so sehr die Stärke des Bartwuchses ist ein Indikator für die Körperbehaarung als seine Verteilung. Wuchert der Bart über das halbe Gesicht und existiert keine klare Grenze, wird auch der Rest des Körpers höchstwahrscheinlich von mehr geziert als nur einem sachten Flaum. Ob das ein Grund ist, ihn anzusprechen oder stehenzulassen, bleibt Ihrem individuellen Geschmack überlassen.

Apropos Trugschlüsse. Den prägnantesten hat der Volksmund in drei einfache Worte gepackt: Dumm fickt gut. Falsch! Dumm fickt nicht gut. »Dumm« erinnert allenfalls an ein Karnickel oder läßt sich bedienen wie ein

Pascha. Das kann Spaß machen. Aber guter Sex ist eine Kunstform, und die meisten Dummen sind auch beim Sex Kunstbanausen. Ihr Reiz besteht allein in ihrer Hemmungslosigkeit, denn wo kein Gedanke, da keine Hemmung, keine Scham. Das macht möglicherweise manches einfacher.

Wenn man jedoch schon Rückschlüsse von der Intelligenz auf das Sexvermögen ziehen möchte: Meine besten Erfahrungen hatte ich mit ganz durchschnittlich Intelligenten. Richtige Schlaumeier sind im Bett häufig schon wieder Versager. Aber alles das sind unzulässige Vergröberungen. Die Welt kennt feinfühlige Gerüstbauer und grobe Literaturwissenschaftler, sie kennt leidenschaftliche Finanzbeamte und Musiker ohne Rhythmusgefühl, auch wenn mir die alle noch nicht persönlich begegnet sind.

Schau mir in die Augen, Kleiner!

Bars und Diskotheken bieten die bekanntesten und umfangreichsten Möglichkeiten, auf Männerfang zu gehen. Darüber wissen Sie wahrscheinlich fast alles, was Sie wissen müssen. Dennoch, denken Sie daran, daß schummriges Licht und verqualmte Luft oft den Blick trüben, ebenso wie der eigene Alkoholspiegel im Blut. Vorsicht also vor bier- oder weinseligen Entscheidungen!

Ein Schwuler, der eine Bar betritt, wird in einem ersten Rundgang das komplette (Männer-)Angebot abchecken, bevor er am Tresen ein Getränk bestellt. Danach pflanzt er sich in Sichtweite seines potentiellen »Opfers« auf einen freien Hocker, nimmt einen kleinen Schluck und schaut wohlwollend-abschätzend in dessen Richtung.

Wohlwollend, denn er will ihn ja erobern; abschätzend, denn er will ihn schließlich nicht um jeden Preis.

Der erste Blick ist der wichtigste. Er dauert, vorausgesetzt, das »Opfer« schaut zurück, maximal drei bis fünf Sekunden, geht immer mit einem kurzen Lächeln einher und endet mit einer langsamen Drehung des Kopfes in Richtung Flipperautomat, Blumenvase oder Bierdeckel, niemals in Richtung anderer Männer oder eventuell vorhandener Wanduhren, wohlgemerkt!

Und bitte nur den Kopf drehen. Wer seinen ganzen Körper wegdreht, signalisiert Desinteresse. Schon nach dem zweiten Blick darf man aufstehen und ein Gespräch beginnen. Beim dritten Blick sollte man es tun. Wer nach dem vierten Blick immer noch nicht die Initiative ergriffen hat, riskiert, als Langweiler oder Schlappschwanz zu gelten. Frauen haben sicherlich ein paar mehr Blicke frei, denn so sehr haben sich Heteromänner noch nicht daran gewöhnt, abgeschleppt zu werden.

Außerdem: Je länger die Spanne zwischen erstem Blick und Ansprechen dauert, desto mehr Zeit bleibt, um sich richtig dämliche Gesprächseinstiege auszudenken. Meine Erfahrung sagt, daß man sich nach der dritten vorformulierten Floskel, die durch das Großhirn rauscht, besser nichts mehr ausdenkt, da sowieso nur noch Nichtverwertbares kommt. Andererseits wird die Bedeutung der ersten Worte von fast allen hoffnungslos überschätzt. Die meisten Männer haben schon lange vor dem »Hallo« beschlossen, ob sie mit Ihnen etwas anfangen wollen oder nicht. Wenn auch Sie sich entschieden haben, können Sie vom Wetter reden, und er wird es als geistreich-charmante Aufforderung verstehen. Hat er hingegen kein Interesse an Ihnen, wird er auch auf die geistreichste Eröffnung mit einer Abfuhr antworten. Lediglich ein paar wenige Unentschlossene lassen sich mit den ersten Sätzen möglicherweise noch überzeugen.

Statt sich ein Feuerwerk an Pointen auszudenken, fährt man immer noch am besten damit, sich schlicht vorzustellen. Selbst das Händeschütteln ist wieder in Mode und schafft eine gewisse Nähe und Körperlichkeit. Die alte Phrase »Wie geht es (dir oder Ihnen – wenn man das Personalpronomen wegläßt, hat man noch ein wenig Zeit, sich für den Nähegrad zu entscheiden)?« gewinnt an Frische, wenn Sie das Wörtchen »heute« hinzufügen, denn das klingt persönlicher und gibt dem Gegenüber Gelegenheit, ein wenig mehr als nur »Danke, gut!« zu sagen. Wer die Frage für abgedroschen hält, hat recht. Aber alles andere ist mindestens ebenso phrasenhaft.

Wichtiger als das, was man sagt, ist sowieso, wie man es sagt! Wer vor sich hinbrummelt und dabei auf die eigenen Absätze schaut, hat verloren. Die Stimme fest, nicht laut, den Blick freundlich in das Gesicht des anderen gerichtet, ohne ihm dabei in die Pupillen zu bohren, so soll es sein!

Bar-Talk

Zu den wenigen Dingen, die mein Vater mir beigebracht hat, gehört, niemals über Politik oder Religion mit Menschen zu sprechen, von denen man etwas will. Das kann nur schiefgehen und ist zudem nicht die Bohne erotisch! Ein zweiter Fehler, nicht nur beim ersten Gespräch, ist es, den anderen nicht zu Wort kommen zu lassen. Und überhaupt: Wer andere zutextet, verpaßt die Gelegenheit, etwas über sie zu erfahren.

Ansonsten reden Sie getrost über alles, was Ihnen in

den Sinn kommt, außer über Ihre Beziehung oder Ihren Ehemann, und nicht länger als sechzig Minuten! Erstens wird man im Verlauf eines solchen Barabends nicht unbedingt nüchterner, und Alkohol ist blankes Gift für alle Sinne. Zweitens kann man sich schnell über den Punkt hinausreden, ab dem die erotische Spannung wieder abflaut.

Vorsicht Falle!

Schon im Verlauf des ersten Gesprächs fallen irgendwann die Würfel: Ist der Mann interessant? Für eine Nacht? Oder ist er gar der langgesuchte Traumprinz? Denken Sie daran, es ist Ihre Wahl, oder besser: *Er* ist Ihre Wahl! Überwiegt die sexuelle Begier und stockt das Gespräch, entscheiden Sie sich für einen One-Night-Stand. Redet er von Liebe und Beziehung, lassen Sie ihn gleich stehen! Im besten Fall ist er eine einsame Kreatur und »notgeil«; nach dem ersten Sex wird er anfangen zu klammern. Finger weg, Florence Nightingale!

Unterhalten Sie sich gut und haben das Gefühl einer gemeinsamen Wellenlänge, ohne sich schon näher kennengelernt zu haben, besteht die schwere Gefahr, daß es Sie richtig erwischen wird.

Leidenschaft und Partnerschaft sind in der menschlichen Psyche meist an zwei verschiedenen Ufern beheimatet. Die übergroße Mehrzahl aller Menschen denkt in den Kategorien von »interessant« und »geil«. Wie gräßlich Sie das auch immer finden mögen: Menschen suchen nach einer Bindung, um ihre emotionale Grundversorgung zu sichern, sich anzulehnen, um in einen sicheren Hafen einzulaufen. Dort legen sie durchaus auch Wert auf leidenschaftlichen, guten Sex, aber die Hierarchie bei einem Abenteuer ist eine andere – Hand aufs Herz!

Zum Ausleben Ihrer Libido brauchen Sie keine Beziehung, der Preis ist zu hoch. Eine Beziehung kann nicht alle Facetten des Lebens abdecken. Immer wird ein Rest bleiben, der weit besser bei und mit anderen ausgelebt werden kann. Sind Sie anderer Meinung, möchte ich Ihnen dringend empfehlen, einmal tief in sich hineinzuhören und zu lauschen, was Ihnen von da entgegenschallt. Sie müssen es ja niemanden verraten – aber nicht mogeln.

Ich höre Sie förmlich widersprechen: »Erstens ist mein Mann nicht so, und zweitens«, Empörung in der Stimme, »ich schon gar nicht.« Dann können Sie an dieser Stelle des Buches nichts lernen, außer vielleicht zu zweifeln.

Das beliebteste Spiel ist dennoch eines mit klassischer Rollenverteilung. Männer denken, daß Frauen anders denken. Deshalb reden viele Männer über Liebe und Beziehung, wenn sie Sex wollen. Tappen Sie niemals in diese Falle! Natürlich, liebe Zweiflerin, trifft für alle Männer, die Sie kennen und lieben, das Obengesagte nicht zu …

Aus ebendiesem Grund steigen Sie niemals (ich wiederhole: niemals) mit einem Mann in der ersten Nacht ins Bett, wenn Sie auch nur die leiseste Vorstellung haben, aus Ihrer Begegnung könnte oder sollte eine Beziehung werden. Die Chance, daß er Sie nach dieser Nacht als potentielle Partnerin abschreibt, ist riesengroß. War der Sex gut, wird er wahrscheinlich wieder mit Ihnen ins Bett gehen wollen, mehr nicht! Denn warum sollte er eine Partnerschaft mit Ihnen eingehen, wenn sich auch so prima auskommen läßt, Sie sich leicht erobern lassen, also auch für andere potentiell schnell zu haben sind? Jeder Mann glaubt schließlich zu wissen, daß es mit gutem Sex augenblicklich vorbei ist, wenn solche Frauen bekommen haben, was sie bekommen wollten, nämlich ihn. Und verschließen Sie nicht die Augen davor, daß auch Sie möglicherweise ähnliche Kategorien im Kopf haben: die Spannbreite vom »Mann fürs Bett« bis zum »100-Punkte-Mann« – warum auch nicht? Vergessen Sie nie: Hören Sie niemals auf zu träumen, sondern hören Sie auf Ihre Träume!

Zu mir oder zu dir?

Viel häufiger werden Sie allerdings auf Männer treffen, die Ihnen sagen, daß sie mit Beziehungen gerade so gar nichts anfangen können. Im Klartext meinen sie: »Ich bin verdammt scharf, habe aber Angst, dich mit dieser Wahrheit zu verprellen!« Entgegnen Sie ihm einfach, daß auch Sie auf eine Beziehung keine Lust haben. Damit willigen Sie ein, ohne weitere Ansprüche eine tolle Nacht miteinander zu verbringen. Es ist nie falsch zu behaupten, daß Sie auf eine Beziehung keine Lust haben (wenn Sie tatsächlich keine Lust darauf haben, sowieso), selbst wenn Sie in Gedanken schon eine gemeinsame Wohnung mit ihm einrichten. In diesem Fall müssen Sie allerdings eine längere Dramaturgie von Geduld und Taktik, Beharrlichkeit und Leidensfähigkeit entwerfen, good luck! Denn Sie dürfen bekanntlich nicht in der ersten Nacht … aber das hatten wir ja schon.

Nehmen wir an, Sie wollen mit dem Kerl erst mal ins Bett. Wie anstellen? Mein Freund Holger und ich schwören auf zwei grundverschiedene Rezepte, funktionieren tun beide. Holger läßt seinen Fisch gerne noch etwas an der Angel zappeln. Erst verabschiedet er sich, dann küßt er ihn, und zwar mit einem Kuß, der immer etwas zu lange und zu tief für einen Abschiedskuß gerät. Anschließend checkt er, ob man noch eine gemeinsame Wegstrecke vor sich hat. Im Taxi das gleiche Spiel: verabschieden, küssen. Das Ganze ein drittes Mal vor der Haustür. Diese Taktik hat den Vorteil, sich bis zuletzt aus der Affäre ziehen zu können. Außerdem schwört Holger, daß Männer um so williger werden, je länger man sie im unklaren läßt.

Vielleicht ist Holgers Variante die bessere für Frauen, da sie größere Sicherheit bietet. Mir ist die direktere Methode lieber. Habe ich mich einmal entschieden, dann kläre ich die Frage »zumiroderzudir« am liebsten im Frontalangriff.

»Wo wohnst du?«

» – «

»Na, da ist es zu mir (zu dir) aber näher!«

»Teilen wir uns das Taxi?«

Und los. Selbstverständlich zahle ich das Taxi.

Gruppenzwänge

Bis hierher herrschte Schwierigkeitsgrad eins. Er ist alleine unterwegs, Sie sind alleine unterwegs. Im richtigen Leben sind solche Konstellationen eher selten. Wahrscheinlicher ist es, mit einer kleinen Gruppe von Kolleginnen oder Freundinnen auf Tour zu sein. Aus einer Gruppe von Frauen heraus cruist und baggert es sich schwerer. Welcher Mann glaubt schon daran, eine einzelne Frau aus ihrer Clique loseisen zu können? Wahrscheinlich ist es sogar einfacher, wenn Ihre Gruppe aus Männern und Frauen besteht, denn das könnte bedeuten, daß Sie ein Single unter Pärchen sind, und damit anfällig für Anmache.

Andererseits genießen Sie in Gruppen den Vorzug: Wer unerreichbarer ist, ist interessanter! Diesen Vorteil gilt es zu nutzen. Gehen Sie öfter zur Toilette als nötig, aber nicht so oft, daß irgend jemand auf die Idee kommt, sie hätten ein Blasenproblem. Krankheiten sind nicht erotisch! Beobachten Sie ihn aus den Augenwinkeln, und achten Sie darauf, daß Ihr Gin Tonic in genau dem Moment zu Ende geht, in dem auch er sich Nachschub an der Bar holt. Wenn Sie dann neben ihn auf einen Barhocker klettern, einen leichten Seufzer ausstoßen, der soviel bedeutet wie: »Was sind meine Kolleginnen heute wieder anstrengend«, sich eine Strähne aus der Stirn wischen und ihn dabei kurz anlächeln, sind Sie entweder in einen amerikanischen Film geraten (die alle ein Happy-End haben) oder einfach ziemlich gut.

Ist er nicht alleine, sondern mit anderen Leuten unterwegs, befinden wir uns auf Schwierigkeitsstufe drei. Dann bleibt nur eins: genau beobachten, ohne Aufsehen zu erregen. Interessiert er sich für Sie, wird auch er öfter zur Toilette gehen, als er müßte. Alternativen sind Zigarettenautomaten (aber wohin mit den vielen Packungen? Und Sucht ist auch nicht unbedingt erotisch) oder Telefone, aber dann sollten Sie unbedingt Ihr Handy zu Hause lassen. Wird er darauf achten, daß sein Drink zur Neige geht, wenn Ihrer es tut? Was denn, der Mensch reagiert nicht? Wenn er aber doch neben Ihnen auf einen Barhocker klettert, einen leichten Seufzer ausstößt, der soviel bedeutet wie: »Was sind meine Kollegen heute wieder anstrengend«, sich eine Strähne aus der Stirn wischt und Sie dabei kurz anlächelt, sind Sie entweder noch immer in besagtem Film oder haben Glück.

41

Wenn Sie mit Ihrer Beziehung unterwegs sind, gebieten es allein Anstand und Höflichkeit, Finger und Blicke bei sich zu behalten. Ein paar heimliche Pfeile aus den Augenwinkeln abzuschießen ist immer okay. Mir hat es schon manches Mal gefallen, mir auf diese Weise Appetit zu holen, um dann bitte schön ausführlich und sinnlich zu Hause zu essen.

Bettys Bemerkung

Meine Freundin Betty, mit der ich in einer langen Rotweinnacht über das Anmachen von Männern diskutiert habe, bat mich, das Kapitel nicht ohne den Versuch zu beenden, einen Irrglauben aus der Welt zu schaffen. Viele Frauen sitzen ihm noch heute auf, und er hat etwas mit dem Rollenverständnis zu tun. Betty ist der Meinung, daß viele Frauen sich nicht trauen, die Initiative zu ergreifen, weil sie glauben, Männer fühlten sich dadurch bedroht. Die Wahrheit ist: Es stimmt.

Aber eben auch das Gegenteil. Männer und das Leben sind so. Männer sind im Grunde genommen froh, wenn ihnen die Initiative abgenommen wird. Die »bedauernswerten« Herren der Schöpfung haben ihr Leben lang das Gefühl, unter dem Druck zu stehen, es sich und anderen beweisen zu müssen. Wenn jemand daherkommt, der ihnen wenigstens in einem Punkt ein anderes Gefühl vermittelt, so erleben sie es als Last, die von ihnen genommen wird (sie mußten nicht den ersten Schritt machen), aber auch als Last, die ihnen aufgebürdet wird (sie haben nicht den ersten Schritt gemacht). Das müssen die Herren dann wiedergutmachen, eine Frage der Ehre! Da Männer in erster Linie visuell funktionieren und zudem ständig damit beschäftigt sind, ihre Umgebung zu »sortieren«, hat Ihr Gegenüber eine Vorentscheidung für oder gegen Sie getroffen, bevor Sie den ersten Schritt unternommen haben. Sind Sie potentiell interessant, wird Ihre Initiative ihm wie ein Geschenk Gottes vorkommen.

Seien Sie nicht überrascht, wenn er, auch in Ihrer Anwesenheit, nach ein paar Wochen oder Monaten seinen Freunden zu erzählen beginnt, wie er Sie damals rumgekriegt hat. Die Wahrheit hat Ihr Mann längst vergessen, so wie Jäger schließlich ihr eigenes Latein glauben. Ein anderer Typus Mann wird sich stolz zurücklehnen und bereitwillig darüber Auskunft geben, daß er von Ihnen angemacht und erobert wurde, welch Kompliment!

Allen gemeinsam ist die nicht zu unterschätzende männliche Eitelkeit. Haben Sie also vor allem keine Hemmung; wie Sie es machen, ist es richtig. Nur wenn Sie nichts machen, machen Sie garantiert alles falsch.

Geschniegelt und gestriegelt
Die sexfreundliche Umwelt

Theatrum mundi

Wie jede Performance erlaubt auch lustvoller Sex keine echte Unterbrechung. Ein guter Performer wird nicht aus seiner Rolle fallen, egal was passiert, ein guter Liebhaber oder eine gute Liebhaberin darf es gleichfalls nicht. Sie sollten sich um nichts weiter kümmern als um Ihre und seine Lust.

Die meisten schwulen Männer halten gelungenen Sex für einen dramatischen Akt. Weniger für ein Theaterstück, denn sie wollen (oder können) nicht schauspielern, eher für eine Performance. Dazu gehören die richtige Ausstattung und Vorbereitung. Wer glaubt, das Klingeln des Telefons erlaube eine kurze Pause, in welcher der Partner ruhig eine Zigarette rauchen darf, sollte zu Recht auf die Befriedigung seiner Wünsche verzichten müssen. Wer auf der Suche nach einem Kondom »bin gleich wieder da« ruft, aufspringt und minutenlang das Geheimfach seines Badezimmerschränkchens durchwühlt, hat ein Grundprinzip nicht wirklich verstanden. Und wer beim Verkehr nicht aufhören kann, über seine Steuernachzahlung zu grübeln, wähle die nächste Abfahrt, bevor er auch noch damit beginnt, lauthals über den Finanzminister zu lamentieren.

Die Porno-Puppen-Lüge

Männer gucken gerne hin und zu. Der Pornomarkt boomt. Deren Stars, die Models, werden mittlerweile allgemein hofiert und befinden sich auf dem Weg zu bürgerlicher Anerkennung (immerhin ein Ende der Bigotterie). Eines hört auf den Künstlernamen »Spontaneous Xtasty«, ist vierundzwanzig Jahre alt und Model aus Hollywood. Sie verfügt über insgesamt viertausend Kubikzentimeter Silikon, verteilt auf zwei Brüste, über zehn Fingernägel von je fünfzehn Zentimetern und jede Menge fetter Klunker an Hals und Armen. Mit ihrem Outfit ist sie dick im Geschäft.

Aber würden Männer gerne Sex mit ihr haben? Was würden Sie antworten, wenn man Ihnen die Frage mit ausgetauschtem Personal stellen würde? Eben! Und da Heteromänner vielleicht noch schwerer als Sie im Zweifel darüber sind, was sie wirklich wollen, oder schwer daran zu knabbern haben, es zu formulieren, Ihnen zu nahestehen und nicht zu nahetreten wollen, würde ich gerade in diesem Fall nicht empfehlen, sie zu fragen.

Eines aber ist sicher: Ein überbordender Silikonbusen, lange Nägel und tonnenweise Schmuck verdammen jede Frau im Bett zu relativer Passivität, ja zur Bewegungsunfähigkeit. Das mag manche Männerphantasie erfüllen, guter Sex aber ist etwas anderes. Pornopüppchen eignen sich für Hochglanzfotos und Hardcore-Videos, nicht für die Wirklichkeit. Welche Frau auch immer versuchen will, mit diesen Abziehbildern weiblicher Erotik zu konkurrieren, hat erstens schon verloren, und zweitens entgeht ihr ein wesentlicher Teil des Spaßes beim Sex.

Meine Freundin Manuela trägt deswegen ihre Fingernägel kurz und sauber manikürt. So kann sie nach Herzenslust massieren, streicheln, herumfingern. Auch von Armbanduhren, Halsketten und (edelsteinbesetzten) Ringen im Bett hält sie nichts. Mit Recht, denn sie werden zu potentiellen Waffen, bleiben in den Haaren hängen, verfangen sich in Kleidungsstücken, reißen Laufmaschen in ihre Nylons, verhaken sich in seinem Slip ... Falls Sie sich von Ihrem Schmuck nicht trennen wollen, denken Sie daran, daß er Sie zur Passivität verdammt. Was so verdammenswert auch wieder nicht sein muß, wenn Ihr Gegenüber nicht neben Ihnen ein-, sondern leidenschaftlich mit Ihnen schläft. Sie Goldmarie!

Das richtige Outfit

Fast alles, was man zu einem Treffen mit vorhersehbarem oder erwünschtem Ausgang anzieht, will und wird man irgendwann auch wieder ausziehen. Oder sich ausziehen lassen. Wie oft aber sind wir schon im Rausch der Sinne an modischen Gürtelschnallen, versteckten Knöpfchen und Häkchen und kunstvoll verknoteten Designerkapriolen gescheitert! Manchmal ist das unfreiwillig komisch, meist furchtbar nervig, erotisch eigentlich nie.

Denken Sie an Ihren Partner und sich, und ziehen Sie möglichst zum Sex nie etwas an, was zum Ausziehen eine Bedienungsanleitung erfordert. Die Suche nach dem versteckten Reißverschluß ist meist kein Teil eines gelungenen Vorspiels. Was immer Sie anziehen, achten Sie darauf, es wieder unkompliziert loswerden zu können. Das gilt auch und gerade für Reizwäsche.

Bei der Auswahl dessen, was Sie tragen, aber sind der Phantasie keine Grenzen gesetzt. Erlaubt ist, was gefällt. Was Strumpfhosen angeht, so beherzigen Sie den Rat:

Teure Nylons lohnen nicht, wenn Sie auf Männerfang gehen. Zum einen wissen diese das ohnehin nicht zu würdigen, zum anderen müssen Sie ständig achtgeben, sie nicht zu beschädigen. Lassen Sie sich Nylons von Ihrem Mann schenken, aber schützen Sie sie vor ihm!

Daß zuallererst Sie sich in Ihrem persönlichen Sex-Outfit wohl fühlen müssen, braucht nicht eigens erwähnt werden. Schließlich ist guter Sex nicht biologische Notwendigkeit, sondern so etwas wie das Extrem des Wohlbehagens, und wahre Schönheit kommt sowieso von innen, wie wir alle wissen.

Stripper-Tips

Ein gelungener (!) Strip ist für jeden Mann ein wundervoller Einstieg in das Liebesspiel, aber auch hier gilt: Nur wenn es Ihnen Spaß macht, wird dieser sich übertragen. Profis brauchen diese Atmosphäre nicht, aber Sie können viel von ihnen lernen. Mein Freund Holger hat eine dreijährige Stripperkarriere in den USA hinter sich. Sein Lieblingsoutfit beschreibt er so: »Ich fing an mit einem australischen Wildleder-Cowboyhut, einem langärmeligen Jeanshemd, braunen Wildlederchaps (das sind po- und schrittfreie Hosen) und schwarzen Stiefeln, darunter eine abgeschnittene blaue Jeans und ein weißes Unterhemd, das ich mir an der Seite eingeschnitten hatte, um es mir mit einem Ruck vom Leib zu reißen. Ich gebe zu, das ist nicht unbedingt alltagstauglich, es sei denn, Sie haben ein Unterhemd abo, aber für den besonderen Anlaß überaus effektvoll. Unter all dem trug ich durchsichtige Boxershorts und schließlich einen kleinen, nietenbesetzten Ledertanga.«

Was die beste Freundin eines schwulen Strippers daraus lernen kann: Das Zwiebelprinzip ist das Geheimnis eines guten Strips! Wer sich vor einem anderen ausziehen will, muß erst einmal eine Menge anhaben. Und muß wissen, in welcher Reihenfolge er respektive sie die Stücke anschließend wieder loswird.

Bereits das Zusammenstellen des Strip-Outfits vor dem heimischen Kleiderschrank kann unglaublichen Spaß bereiten und Sie einstimmen auf den Sex danach. Überraschen Sie Ihren Geliebten, und beteiligen Sie ihn im richtigen Moment. Öffnen Sie Ihre Hose selbst, aber überlassen Sie das Herunterziehen Ihrem Partner. Steigen Sie anschließend einigermaßen grazil aus den Hosenbeinen. Das ist bei jedem Strip der Stolperstein und schwierigste Akt, so daß vielleicht besser das »kleine Schwarze« zu empfehlen ist, das schlicht am Bein heruntergleitet.

Niemand verlangt Profi-Qualitäten von Ihnen, wenn Sie zu Hause für den Ehegatten strippen. Es reicht, wenn Sie sich langsam im Takt der Musik wiegen und dabei ausziehen. Gehen Sie ruhig nah heran, erlauben Sie dem Herrn in der ersten Reihe, Sie mit allen Sinnen zu genießen. Und vor allem lassen Sie Ihrer eigenen Sinnlichkeit freien Lauf. Genießen Sie Ihren Körper, erleben Sie Ihre eigene Haut, sonnen Sie sich in Ihrer erotischen Ausstrahlung und Schönheit. Es wird nicht das erste Mal sein, daß Sie sich liebkosen. Denken Sie an den Spiegel, vor dem Sie sich schon so manches Mal wohlwollend betrachtet und mit sich selbst »befaßt« haben. Haben Sie nicht? Dann fangen Sie gleich damit an! Denn wer weiß das nicht: Das Gefühl, sich selber erotisch oder sexy zu finden, ist nicht nur luststeigernd, es überträgt sich direkt auf das Gegenüber. Haben Sie Spaß, hat er es auch.

Ein einfacher wie wirkungsvoller Trick: Drehen Sie

Ihrem Zuschauer den Rücken zu, und steigen Sie mit einem Bein auf seine Sessellehne oder die nächstgelegene Tischkante. Nun recken Sie Ihr Hinterteil empor und kreisen langsam Ihre Hüften im Takt der Musik. Lassen Sie Ihrer Erotik freien Lauf, die weiß am besten, wo es lang- und hingeht. Und sollten Sie noch unsicher sein ... nun denn, wir stehen erst am Anfang.

Für Heteromänner gibt es kaum etwas Erotischeres (dem Warum sollte man auch einmal nachgehen) als ein weibliches Hohlkreuz. In dieser Stellung lassen sich professionelle Gogos ihr Trinkgeld in den Tanga stecken.

Fetisch & Co.

Was ein Fetisch ist, wie man mit ihm umgeht, und was er mit unserer Sexualität macht, wird Thema eines späteren Kapitels sein. In den letzten Jahren hat sich eingebürgert, bestimmte Kleidungsstücke als Fetisch oder »fetish wear« zu bezeichnen. Die allerwenigsten, die ein solches Stück im Schrank haben, sind wirkliche Fetischisten; für die meisten ist es schlicht Mode, und vor allem sexy.

Tatsächlich kann ein Stück erotischer Wäsche aus Leder oder Gummi einen zusätzlichen Thrill verleihen. Wer gemeinsam mit seinem Partner in einem Geschäft seine Dessous, einen Gummislip, ein Lederkorsett ersteht, schafft außerdem eine Gelegenheit, über seine Wünsche und Lüste zu reden. Keine falsche Scham, die Angestellten solcher Läden haben alles schon einmal gehört und helfen gerne bei der Auswahl, damit das gute und meist auch nicht ganz billige Stück nicht anschließend im Kleiderschrank versauert. Hier ein Überblick über gängige Materialien:

Leder

Leder ist der Klassiker unter den Fetischklamotten. Wer
darauf abfährt, schätzt vor allem das Lebendige. Leder
paßt sich seinem Träger an, es wird nicht wirklich alt,
sondern reift. Weil es aber relativ dick ist, eignet es sich
nicht sonderlich für zärtlichen Sex – man muß schon kräf-
tiger zupacken, um darunter noch etwas zu spüren!
Schwarzes Leder sieht vor allem gut aus und steht unter
Anhängern des Sadomasochismus hoch im Kurs.

Gummi

Kleidungsstücke aus Kautschuk sind seit den neunziger
Jahren groß im Kommen. Im Unterschied zu Leder ist
Gummi hauchdünn und gefühlsecht. Nasse Spiele, ob
heiß oder kalt, bereiten in Gummi großen Spaß (haben
Sie eine große Badewanne?). Im besten Fall sollte Gummi
anliegen wie eine zweite Haut. Ein Nebeneffekt ist, daß
man darunter leicht zu schwitzen beginnt. Weil Gummi
die Figur betont und nichts versteckt, sieht nur das wirklich gut aus, was Sie auch nackt überzeugt.

Lack

Lackkleidung wird oft mit Gummi verwechselt, basiert
aber auf PVC. Im Unterschied zu Gummi ist Lack, je nach
Verarbeitung, leicht stretchbar bis unflexibel und daher
für weite Schnitte geeignet. Auch in der Pflege ist Lack
leicht zu handhaben. Wer sich nur ein pfiffiges Stück Kleidung zulegen will, ohne damit bestimmte sexuelle Praktiken zu verbinden, ist mit einem Teil aus Lack sicher
bestens bedient.

Egal aus welchem Material, das Korsett der Urgroßmutter feiert seit Jahren sein erotisches Comeback. Zu Recht, denn in ihm sehen endlich einmal die Supermodels unvorteilhaft und die Normalfrau hervorragend aus. Da Sie zum Verschnüren garantiert Hilfe brauchen, kann schon das Ankleiden zum Vorspiel werden, zumal Sie ein Korsett während des Sex nicht unbedingt wieder ausziehen müssen … aber es natürlich dürfen.

In Berlin-Charlottenburg arbeitet noch eine alte Korsettmacherin, die längst aufgehört hat, sich über das neue, junge Publikum zu wundern, das seit ein paar Jahren wieder bei ihr bestellt, nachdem sie jahrelang hauptsächlich für Theater tätig war. Schauen Sie sich um, ob auch in Ihrer Nähe noch eine Korsettmacherin am Werke ist, und lassen Sie sich eines anfertigen. Sie werden Ihr Vergnügen haben, und Ihr Mann – von anderen gar nicht zu sprechen – wird es Ihnen danken. Denn dieser Dreß ist einfach erotisch und sexy, und die Zeiten, wo er aus ideologischen Gründen verpönt war, glücklicherweise vorbei!

Kostüm und Bühnenbild
Von Farben und Düften

Bei der Liebe gilt ein absolutes Verbot für schweres Make-up, für Deo- und Parfumschichten. Gegen einen angenehmen Duft beim Ausgehen ist nichts zu sagen, aber übertreiben Sie es nicht. Oder schminken Sie sich wieder ab, bevor Sie mit Ihrem Traumpartner zur Sache kommen.

Sie wissen, Sex hat so viel mit Spüren, Küssen, Strei-

cheln und Lecken zu tun. Möglicherweise hatten Sie als
Kind einmal das Vergnügen, in Mutters Seife zu beißen.
Es mag Auswuchs der oralen Phase gewesen sein, erotisch war es sicher nicht. Ich gehe einfach mal davon aus,
daß Sie mit Ihrer Zunge nicht gerne über ein Make-up-
Schwämmchen oder Ihren Deoroller fahren. Also besser
runter damit! Noch besser gar nicht erst soviel auflegen,
denn der anziehendste und verführerischste Geruch ist
der Ihres eigenen Körpers. Da hat die Natur vorgesorgt,
Sie riechen gut!

Die Batterien von Töpfchen, Döschen, Tübchen und
Fläschchen, die in mitteleuropäischen Badezimmern auf-
marschieren, um – angeblich – Pickel, Falten und Grüb-
chen auszumerzen, machen doch nur die Besitzer von
Kosmetik-Aktien glücklich und sind kein Ersatz für einen gesunden, hautfreundlichen Lebensstil. Das aber nur
am Rande, denn den suche ich auch immer noch.

»Waschen Sie den Mann,
und bringen Sie ihn in mein Zelt!«

Wie stellen Sie es nun an, Abschminken und Abseifen
nicht zum Bremser, sondern zu einem Teil des Liebesspiels
zu machen? Am einfachsten und unkompliziertesten –
Schlüsselbegriffe erfüllter Sexualität –, indem Sie Ihren
Partner, den fürs Leben oder den für eine Nacht, daran
beteiligen. Nichts ist für Männer so abtörnend, weil kli-
scheebeladen, wie die Frau, die vor dem Akt noch mal
kurz für drei Stunden im Bad verschwindet. Wer seine eigene Abendtoilette hingegen zum gemeinsamen Erlebnis
werden läßt, kann obendrein auch über den hygienischen
Zustand des anderen Körpers sicher sein, ein Thema, in

das ich noch einmal ausführlicher hineinschmecken werde. Nach dem Verkehr dürfen, nein sollten Sie verschwitzt sein, nicht schon unbedingt davor.

Also bieten Sie ihm doch einfach eine gemeinsame Dusche oder ein Bad an. Nein, bieten Sie es nicht an, sondern zwingen Sie ihn, mit den Waffen einer Frau. Legen Sie einen Strip aufs Parkett in Richtung Bad, vergessen Sie die Seife, lassen Sie die Tür offen – meine Güte, Ihnen wird schon etwas einfallen. Das Plätschern einer langsam sich füllenden Wanne ist eine wundervolle Hintergrundmusik für ein kleines Ausziehspiel. Sie legen ein Kleidungsstück von sich ab und fordern ihn dann auf, es Ihnen gleichzutun. Stück für Stück bekommen er und Sie zu sehen, was sie gleich in der Wanne anfassen dürfen …

Aber lassen Sie ihn bloß von der ersten Sekunde an nicht im geringsten im Zweifel über Ihre erotischen Hintergedanken, lassen Sie ihm nicht den Hauch einer Chance, über Ihre Absichten auch nur nachzudenken. Denn dadurch machen Sie es kompliziert. Am einfachsten für alle Beteiligten ist es, Sie schaffen eine eindeutige Situation, ausweglos. Männer sind nicht so entscheidungsfreudig, wie ihnen das Klischee gerne nachsagt.

Ein Wort zu Badezusätzen: Viele meiner Freundinnen haben ganze Jahresrationen diverser Mittelchen im Bad stehen, die alle ähnlich riechen wie ein Poesiealbum, nur süßlicher. Die meisten Männer mögen so etwas nicht, auch wenn mein Freund auf Vanille steht, aber der ist ja schließlich schwul. Das Erkältungsbad für die Nacht ist kein Antörner, ebensowenig der künstliche Fichtennadelduft aus dem praktischen Fünf-Liter-Kanister. Anregend sind etwas herbere, natürliche Düfte, oder etwas Parfumfreies, das Schaum schlägt. Das kennen die meisten Männer, und was sie beherrschen, das mögen sie …

Weil aber fast alle Badewannen, die ich kenne, für zwei Menschen viel zu klein sind, ist gemeinsames Duschen häufig die bessere, weil einzige Alternative. Beim gegenseitigen Abseifen in gelassen ausgelassener Stimmung können Sie ruhig einmal probieren, sich einzuseifen, ohne die Hände zu gebrauchen, indem Sie nur mit Ihren Körper umeinandergleiten! Und falls Sie Ihre Hände benutzen, vergessen Sie nicht, auch seine privaten Partien zu waschen. Dabei sollten Sie sich nicht bücken, sondern knien. Das wirkt erotischer und ist überdies besser für Ihren Rücken. Denn weder Sex noch seine Vorbereitung sollten weh tun!

Nun heraus und gegenseitig abgetrocknet. Sie haben viele Streiche auf einmal geführt – raffiniert! Sie beide sind nackt, sauber, haben die ersten Spannungen gelöst, sind intimer miteinander bekannt geworden und haben doch noch alles vor sich. Vor uns stehen zwei frische, sexbereite Körper.

Schamlose Haare, haarlose Scham

Die Haremsdamen im alten Osmanenreich pflegten ihren Schambereich glattzurasieren und anschließend hennarot einzufärben. Das hatte nicht den Sinn, den Sultan anzutörnen, die rote Farbe signalisierte vielmehr: Pfui! Nicht hinsehen! Verboten!

Denn im Harem ging es wider Erwarten züchtig zu, schließlich war der Beherrscher aller Gläubigen selbst gläubiger Moslem. Heute ist alles anders, aber ist es wirklich besser? Es darf, ja soll hingeschaut und angefaßt werden, aber selten blickt man auf wirklich Erfreuliches. Habe ich schon erwähnt, daß Männer gerne hin- und zugucken? Auf dem Kopf wird gebleicht, gefönt und dauergewellt, was das Haar hält, der Rest des Körpers aber schamlos vernachlässigt, weiter unten herrscht der reine Wildwuchs. Sieht ja keiner. Wie kurz gedacht!

Schade, denn neben dem gepflegten Aussehen streichelt und leckt es sich überaus angenehm über eine frisierte Schamgegend. Es kostet nicht mehr Zeit, einmal alle zwei Wochen mit Rasierer und Nagelschere die Schamhaare zu stutzen und in Form zu bringen, als die alltägliche Morgentoilette (ich spreche nicht von der Totalrasur, die wiederum einen ganz eigenen und speziellen Charme haben kann). Gönnen Sie sich diese Zeit, sie ist wirklich gut investiert. Eine frisierte Schamgegend signalisiert Ihrem Partner: Kümmere dich mindestens so darum, wie ich mich gekümmert habe. Ein unfrisierter Busch hingegen verweist darauf, daß Sie sich keine Aufmerksamkeit gegönnt haben. Warum also sollte es jemand anders tun?

Schöner wohnen!
Fragen über Fragen

Ich habe länger darüber nachgedacht, aber mir ist noch immer nicht nachvollziehbar, warum viele beim Einrichten ihrer Wohnung der Fernsehecke mehr Aufmerksamkeit widmen als den Orten, an denen sie später einmal Zärtlichkeiten austauschen wollen. Das einzige, was mir dazu einfällt, ist, daß die Menschen genau wissen, mit was sie mehr Zeit verbringen und wem in ihrem Leben sie mehr Liebe widmen wollen. What a shame!

Fragen Sie sich nicht wirklich, ob Sie in Ihr Schlafzimmer tatsächlich das rustikale Bauernbett mit Holzverkleidung stellen wollen, an dem Sie sich jedesmal den Kopf stoßen, wenn es heiß hergeht, und das knarrt wie ein alter Segler auf hoher See bei Windstärke 12. Brauchen Sie in der Tat keine breitere Matratze als die von achtzig Zentimetern, auf der Sie doch schon als Zwölfjährige so tief und fest geschlafen haben, daß sie nichts mehr von ihrer Umwelt mitbekamen? Verbreitet die nackte Glühbirne an der Decke der Dusche, die Sie noch vom Vormieter übernommen haben, wirklich das Licht, in dem Sie zum ersten Mal nackt gesehen werden möchten?

Viele meiner schwulen Freunde haben ihre Wohnung alleine unter dem Aspekt eingerichtet, wie sich, je nach Couleur, am wildesten, am romantischsten oder zweckmäßigsten Sex darin praktizieren läßt. Soweit muß man nicht gehen, aber ein paar Ratschläge kann man beherzigen, ohne gleich umzuziehen.

Sex für die Augen
Mondlicht und Kerzenschein

Eine sexfreundliche Umgebung – die nicht unbedingt das Schlafzimmer sein muß – bedarf vor allem einer passenden Beleuchtung, genau wie Ihre Blumenecke. Vergessen Sie also nicht Ihr Badezimmer, in der so manche Geschichten beginnen oder andere weitergehen werden. Ein »wohnliches« Bad kann der Beginn einer wundervollen und feuchten Leidenschaft sein. Nicht zufällig waren römische Bäder und mittelalterliche Badehäuser Orte ausgedehnter Körperfreuden. Wenn der Dampf des heißen Bades die Spiegel beschlägt und langsam die Haut aufweicht, wenn die Düfte Ihrer Körper sich vermengen, dann ist der neonhelle Alibert-Schrank tödlich für die

Stimmung. Schalten Sie seine Neonröhren ein, wenn Sie einen Pickel ausdrücken wollen, aber halten Sie eine Zweitbeleuchtung für romantischere Stunden bereit! Die Weiße des Bades hängt allein mit Hygienetauglichkeit zusammen, nicht mit Erotik.

Es ist kein Fehler, bei der Auswahl der Lichtquellen einen Blick ins professionelle Gewerbe zu werfen. Bordelle sind nicht ohne Grund rot ausgeleuchtet. Rot schmeichelt dem Teint und suggeriert Wärme, beides dient uneingeschränkt dem Wohlbefinden. Wenigstens ein Dimmer an der Deckenlampe darf es schon sein. Eine kitschige Alternative sind Lichterketten aus Herzen oder Fischen, die man je nach Bedarf in die Steckdose einstöpseln kann. Es gibt sie für jeden Geschmack: Gummibärchen-Imitate, Weihnachtskerzen …

Auch echte Kerzen verbreiten angenehmes und natürliches Licht für romantische Stunden, können aber im Eifer des Gefechts umfallen und Brände verursachen, was im Badezimmer eher unwahrscheinlich, ums Bett herum aber gut möglich ist. Und die schaffen nicht die Hitze, von der hier die Rede sein soll.

Ich persönlich schwöre auf die in rotes Plastik eingefaßten Grabkerzen, die hautfreundliches Licht verbreiten, aber das ist Geschmackssache.

Wie man sich bettet …

Betten sind nicht nur zum Schlafen da. Das wußten Sie schon, okay. Doch bereits ein kleiner, unrepräsentativer Blick in die Schlafzimmer einiger Freundinnen, von denen der Männer einmal ganz zu schweigen, beweist: In den meisten deutschen Betten kann man nicht einmal das.

Jeder kennt die Geschichten von zusammenbrechenden Betten und auf nackte Hinterteile stürzenden Geranientöpfen, manche aus eigenem Erleben. Glauben Sie nur nicht, daß es Männern egal wäre, wo sie es machen, solange sie es machen. Den meisten ist es keineswegs gleichgültig, wenn es schmerzt, kracht und lärmt oder ihre Bewegungsmöglichkeiten drastisch eingeschränkt sind, weil der eine Fuß gegen ein Regal schlägt oder der andere an der Bettkante reibt, wenn der rechte Arm sich in der Schrankwand verklemmt hat und der linke nur noch verzweifelten Befreiungsversuchen dient. Übertrieben? Na, warten Sie's ab.

Bei Clara (25), Germanistikstudentin, stapeln sich Teddybären, Schmusepuppen und Kuscheldecken fast bis unter die Decke, von der ein weiteres Dutzend Tücher teils bis zur Matratzenkante herabhängen. Das ganze Arrangement ist obendrein in einer Zimmerecke hinter mannshohen Grünpflanzen versteckt. In Claras Bett hat ein Mann keinen Platz, geschweige denn der Sex mit ihm. Die Bettstatt ruft ihm ein klares »Mach dich gefälligst klein!« entgegen.

Marita (31), Werbegrafikerin, hingegen hat sich für die Light-Version eines Raubtierkäfigs entschieden. Drohend und massiv beherrscht das Eisengestell die zentralen Symmetrieachsen ihres Schlafzimmers, Gitterstäbe an Kopf- und Fußende sorgen für eine klare Trennung von innen und außen. Ihre stets akkurat gefaltete und absolut knitterfreie Satin-Bettwäsche (nichts gegen Satin, er ist hautschmeichelnd, wenn auch etwas kühl) sieht so aus, als würde sie nicht einmal Schweiß vertragen. Sie spricht eine deutliche Sprache: »Berühren verboten!«

Sylvie (19), Verkäuferin, schließlich zieht ihr sogenanntes Bett jeden Abend aus einem doppelsitzigen Sofa mit buntem Blümchenmuster hervor – über Geschmack läßt sich streiten. Dabei stößt der untere Teil des ausfahrbaren Gestells beinahe gegen die Sockelleisten ihrer schwarzfurnierten Multimedia-Schrankwand. Das zweite Zimmer ihrer Wohnung hingegen dient als Abstellkammer und Trockenraum für die Wäsche, da sie sich ein richtiges Schlafzimmer nicht leisten will und ihr die Multimedia-Schrankwand unverzichtbar erscheint. Darüber läßt sich in meinen Augen nicht streiten, denn das ist eine glatte Entscheidung gegen Sex. Kommen Sie mir nicht damit!

Eheritzen und Lotterbetten

Das Bett als zentrales Sexmöbel hat in Deutschland keine Tradition. Man erinnere sich nur an das gefürchtete Doppelbett unserer Elterngeneration, das genau an jener Stelle eine Ritze – Stop! Zoll! Douane! – aufweist, wo man sich zu nahe kommen könnte. Betten ohne Ritze heißen hierzulande gleich »französisch«, was sofort eine gewisse Verruchtheit suggeriert. Also wie sollte es nun aussehen, das ideale Lotterbett, das ein paar ästhetischen, aber zuallerst amourösen Kriterien genügt?

Es sollte, eigentlich selbstverständlich, mindestens so groß sein, daß zwei Erwachsene mit all ihren Gliedmaßen unkompliziert darin Platz finden, also auf keinen Fall kleiner als 1,40 x 2 Meter, eher größer. Es hat eine leicht federnde, feste Matratze, steht auf einem soliden und quietschfreien Unterbau, ist hoch genug, um bequem an seinem Rand zu sitzen, und steht an mindestens drei Seiten frei. Das Idealbett hat kein Kopfende, kein Fußende, keine Bettpfosten oder Gitterstäbe. Wer auf Fesselspiele steht, kann bei dieser Regel eine Ausnahme machen. Mit zwei Kissen, zwei Decken und einem Baumwollaken ist es ausreichend ausgestattet. Weiße Bettwäsche hat für manche den Reiz einer Krankenstation, »bunt, aber dezent« ist eine Regel, mit der man nicht viel falsch machen kann. Kratziges Frottee geht natürlich überhaupt nicht!

Den Experimentierfreudigeren und Neugierigeren unter Ihnen empfehle ich, das Bett, das hoffentlich groß genug ist, in der Mitte des Zimmers zu plazieren, also der Mitte Ihres Interesses und Ihrer Aufmerksamkeit. Am besten stellen Sie es gar auf ein kleines Podest, so daß man zu ihm emporschreiten kann wie zu einem »Altar«. So stellt sich gleich das angemessen »erhebende« Gefühl ein, und Sie zelebrieren Ihren Sex entsprechend, lassen Sie ihn zu einem quasi »heilsgewissen« Erlebnis werden. Aber ein paar Nummern kleiner geht es auch. Bei der Empore kann Ihnen durchaus der handwerklich begabte Mann an Ihrer Seite helfen – ihm winkt die Belohnung, und ich kann endlich einmal ein positives Klischee an den Mann bringen.

Neben dem dramatischen besteht ein weiterer nicht zu unterschätzender Vorteil darin, daß Sie Ihr Bett in der richtigen Höhe für eine Reihe abwechslungsreicher und in dem Fall wie selbstverständlicher Positionen nutzen können, für die Sie sonst den Küchentisch hätten entweihen müssen: Sie stehend, er stehend, von vorn, von hinten oder auf dem Rücken liegend (ohne Halsstarre), seine intimsten Körperstellen in Zungenweite.

Nichts gegen niedrige Betten, auch sie eignen sich für alle Spielarten des oralen Sex. Der Höhenunterschied zum stehenden oder knienden Partner ist variabel und groß der Spaß. Bei Hochbetten achten Sie vor allem auf die Polsterung der Leiter (und die Höhe). Sie können sie

als Spielplatz in Ihre Liebe mit einbeziehen; die grundsätzlichen Größenunterschiede Ihrer beiden Körper lassen sich auf ihr, so sie denn großzügig und stabil genug
ist, ausgleichen und umkehren. Aber keine Akrobatik!

Über Wasserbetten muß ich wahrscheinlich kein Wort
mehr verlieren, seitdem sie in jedem Magazin als die ul-
timativen Sexmöbel angeboten werden. Mir wird auf ihnen eigentlich nur schlecht. Aber wenn Ihre sexuellen
Phantasien auf Wellen schaukeln, verschaffen Sie ihnen
die richtige Grundlage.

Aber eines vergessen Sie bitte nicht, ob Futon oder Matratze, in luftigen Höhen oder auf schaukelnden Wellen:
Immer sollten sämtliche Utensilien, die man brauchen
kann, in Griffweite Platz finden, ob Kondome, Gleitcreme oder Massageöl. Was sich anbietet, ist ein form-
schönes Kästchen neben dem Bett, zum Beispiel eine
Bonbonnière. Das unvermeidliche Handtuch, so Sie denn
Massageöl am Bett stehen haben und es benutzen wollen, läßt sich recht praktisch ins Kissen einziehen.

Kleiner Utensilien-Ratgeber
Die Schaukel der Genüsse

Schaukeln muß keine reine Freude aus Kindheitstagen
bleiben, denn die Liebesschaukel ist das wundervollste
Sexmöbel seit Erfindung der Federkernmatratze und hat
nichts mit Sadomasochismus zu tun. Sie unterstützt im
Grunde nichts anderes als das, was Sie schon in Ihrer
Kindheit geliebt haben: den Geschmack von Freiheit, das
Gefühl zu fliegen, sich nicht anstrengen zu müssen (außer
ins Hohlkreuz zu gehen), sich gehen-, ja fallenzulassen
und nur einer sanften Bewegung hinzugeben, über sich

nur den Himmel und die Sterne – oder Ihren Partner und die Zimmerdecke.

Im einfachsten Fall besteht dieses auch »Sling« genannte Möbelstück aus einem rechteckigen Stück Leder, das mit vier Ketten (Seile sind nachbarschaftsverträglicher) fest an der Decke verschraubt ist. An den beiden unteren hängen Schlaufen, in denen Ihre Füße untergebracht werden. Würden Sie sie schlicht herunterhängen lassen, sähe das erstens nicht gut aus und würde vor allem zweitens die Durchblutung und damit das Vergnügen schmälern. An den oberen Seilen oder Ketten bringen Sie ebenfalls Schlaufen an (oder lassen sie anbringen, siehe Podest), so daß Sie sich beim Verkehr festhalten können. Die Liebesschaukel sollte in Hüfthöhe des Partners hängen, damit er beim Verkehr nicht noch zwei Telefonbücher unterlegen muß.

Nun kann es losgehen! Die Schaukel schwingt im Takt mit, oder sie übernimmt ihn gleich ganz. Wer in ihr hängt, kann sich wunderbar verwöhnen lassen. Fertige Slings bieten Sexshops von fünfhundert Mark aufwärts an, die Materialien für meinen Eigenbau haben mich im Baumarkt knapp zweihundert gekostet. Als Liegefläche habe ich, statt Leder, eine mitteldichte Faserplatte von 50 x 80 x 3 Zentimetern mit Schaumstoff beklebt und mit schwarzer Lackfolie überzogen. Ich bin eben kein Heimwerker, selbst wenn ich Mann bin, Sie kennen mein Handikap.

Toy, toy, toy
Kondom, Gleitcreme, Dildo

Der Markt für Sexspielzeuge oder Toys ist so unüberschaubar geworden, daß Beschränkung not tut, allein des Geldbeutels wegen. Schon eine detaillierte Auflistung würde den Rahmen dieses Kapitels sprengen, ein paar Hinweise für die Einsteigerin aber seien gestattet.

Diejenigen Sexspielzeuge, über die sich ein paar Worte zu verlieren lohnt, sind welche zum Einführen. Dildos, Anal- und Vaginalstöpsel, sogenannte Plugs, sind mittlerweile in allen Farben und Formen erhältlich, ebenso wie die hochgeschätzten Vibratoren. Wichtig ist deren Qualität. Dildos sollten immer aus Silikon bestehen und keine überstehenden Grate haben.

Die amerikanische Sexindustrie hat in den letzten Jahren einige Prachtschwänze renommierter Pornostars abgießen lassen. Diese Versionen sind zwar für den schwulen Markt gedacht, aber ich habe keine Zweifel, daß auch Frauen sich gerne mit ihnen vergnügen. Billig sind die »Stars« nicht, dafür aber qualitativ hochwertig.

Viele Frauen haben für sich den Spaß entdeckt, den ein Vibrator oder ein schöngeformter Dildo bereiten kann. Gehören Sie noch nicht dazu, dann sollten Sie es sich gönnen – es ist der pure Luxus! Dildos existieren in zahlreichen Varianten, vom Delphin bis zur Jungfrau Maria (wirklich!). Einmal in ihrem Leben sollte jede Frau einen Dildo gekauft haben. Sie tun es für sich. Tun Sie es für sich.

Zusammen mit Ihrem Partner in einen Sexshop zu gehen und sich gemeinsam umzuschauen kann ein weiterer Schritt nach oben auf der Beziehungsleiter sein. Sie müssen ja in seiner Gegenwart nicht gleich zum Dildo greifen ... Zum einen überwinden Sie die möglicherweise vorhandene Schwellenangst vor einem noch immer männlich dominierten Ort, zum anderen können Sie am konkreten Objekt Vorlieben und Abneigungen erkunden. Leider haben sich in Deutschland erst wenige Shops auf die Bedürfnisse von Frauen eingestellt. Der amerikanische Versandhandel »Good Vibrations« aus San Francisco ist auf weibliche Wünsche spezialisiert und sehr zu empfehlen (Adressen finden Sie am Ende des Buches). Und, um das einmal deutlich auszusprechen: Sowenig wie Sex ein schmuddeliges Begehren ist, ist ein Sexshop ein schmuddeliges Geschäft, was sich leider und nicht uneingeschränkt für alle Besucher behaupten läßt. Aber Sie sind ja in Begleitung. Oder nicht?

Daß Sex mit wechselnden Partnern ohne Kondom russischem Roulette gleicht, wissen mittlerweile alle. Schwule vertrauen bei ihrem Sex auf ein Kondom namens »Hot Rubber« aus der Schweiz, das in allen gutgeführten Sexshops erhältlich ist. Für Vaginalverkehr bedarf es nicht unbedingt dieses robusten Markenkondoms. Aber nehmen Sie auf keinen Fall ein Billigprodukt. Trotz meiner sonstigen Experimentierfreude würde ich mich am ehesten auf Markenfirmen wie Fromms oder London verlassen.

Und seien Sie vorbereitet: Selbst wenn Sie nicht unbedingt die größere Variante der Männlichkeit bevorzugen, wer weiß schon, was frau bekommt. Schließlich ist doch die ein oder andere Situation vorstellbar, in der Sie »die Katze im Sack kaufen« (zu beidem nachher mehr). Für viele Männer, die ein wenig solider gebaut sind, ist es wesentlich angenehmer, ein Kondom XXL überzuziehen als ein »würgend« normalgroßes. Sie sollten für den Fall der Fälle auch Kondome dieser Größe bereitliegen haben.

Ein Ausflug in eine der vielen Condomerien, die heutzutage in jeder mittleren Stadt zu finden sind, ist nichts Anrüchiges mehr, sondern gleicht eher – fast ein wenig zu selbstverständlich – dem Besuch einer Blumenhandlung: Alles duftet und ist bunt. Was wollte ich sagen? Nun, just do it, besuchen Sie einen solchen Laden. Gehen Sie shoppen, mit Ihrem Mann oder auch der besten Freundin! Schauen Sie sich um und entdecken Sie etwas, von dem Sie vorher möglicherweise nicht wußten, daß Sie es lieben. Come out!

Auch wenn grundsätzlich gilt, daß Hilfsmittel wie Gleitcreme überflüssig sind, wenn Sie Lust haben (hier gerate ich als schwuler Mann auf schlüpfriges, weil fremdes Terrain), und ohne Lust gar nichts laufen sollte, sind Gleitmittel ein durchaus attraktives Accessoire. Sie verleihen dem Akt die besondere Note tropischer Nächte. Alles flutscht, rutscht, gleitet ... Achten Sie beim Kauf darauf, daß das Gleitmittel fettfrei ist, damit es die Kondome nicht angreift. Aus ebendiesem Grund sind Vaseline und Massageöle nicht empfehlenswert. Meine erste Wahl ist eine schwarze Flasche namens »Eros«. Denken Sie auch daran, daß manche Männer allergisch sind gegen sperma- und virentötende Substanzen wie Nonoxynol, die einigen Gleitmitteln beigemischt sind. Also Augen auf beim Gleitmittel-Kauf!

Ein den meisten Frauen und heterosexuellen Männern noch unbekanntes Spielzeug ist überraschenderweise der Cock- oder Schwanzring. In Leder oder Gummi, nietenbesetzt und mit Druckknöpfen verschließbar, ist er ein Spielzeug, wie es im Buche steht: billig, einfach zu handhaben und den Spaß verlängernd. Der Cockring wird um Penis und Hodensack gelegt und verschlossen. Er hilft dem besten Stück, hart zu bleiben, weil das Blut nicht mehr so schnell zurückfließen kann, und intensiviert das Gefühl in der Eichel. Die etwas billigeren Ringe aus Metall sind schwieriger in der Handhabung, da man sie nicht öffnen kann. Bei Metallringen werden zuerst (und nacheinander) die beiden Hoden und anschließend der noch nicht erigierte Penis durchgeschoben; während einer Erektion läßt er sich nicht wieder abstreifen. Cockringe haben nichts mit Sado-Maso-Praktiken zu tun, sie sind ein wundervoll unkompliziertes und unaufdringliches Hilfsmittel für intensiven Sex. Sie sind ebenfalls in jedem Sexshop erhältlich.

Nun, die Bühne ist bereitet, die Kostüme sind drapiert, eigentlich kann es losgehen!

Leibliches Allerlei

Sex mit allem, was wir haben

Jetzt haben wir ihn also, den Traum unserer schlaflosen Nächte, da, wo wir ihn haben wollen: in der Küche, im Bett, im Abstellraum unseres Sportstudios. Bereit zum Sex. Aber was stellen wir nun mit ihm an?

Vorsicht vor Rezepten!

Alle Erfahrungen mit Männern und die tausend Geschichten über Frauen, die sie sich gegenseitig erzählen, wie Angler über Fische reden, sprechen eine deutliche und auf den ersten Blick vielleicht enttäuschende Sprache. Zwar gibt es eine lange Liste von Zutaten, aber keine fertigen Rezepte für guten Sex. Auf den zweiten Blick ist diese Tatsache allerdings alles andere als frustrierend, da sie vielmehr erst den Raum für unsere Kreativität, für Phantasie, Spiel und Spaß schafft. Andernfalls wäre unsere Sexualität so atemberaubend wie Tütensuppen. Das ist sie aber nicht. Ob Hausmannskost, Nouvelle Cuisine oder Sex: Ideenreich zubereitet, schmeckt dasselbe Rezept immer anders, immer neu, immer frisch.

Die besseren meiner Deutschlehrer waren sich bewußt, daß jede noch so gute Stilkunde nie mehr sein kann als eine Sammlung von Hilfsmitteln und Krücken, die der Anfänger braucht, um schreiben zu lernen. Der Meister hat ihre Regeln verinnerlicht und wird sich, je größer seine Meisterschaft, um so mehr von ihnen lösen. Das gleiche gilt für guten Sex. Er ist keine Kunst, aber gewisse Dinge sollte man können; er ist keine Wissenschaft, aber bestimmte Zusammenhänge muß man wissen, um es zur Meisterschaft zu bringen.

Der Rang der Elemente

Ich erinnere mich immer wieder gerne an eine Szene aus meinem Elternhaus. Gerade siebzehn Jahre war ich alt und seit einem knappen Jahr offen schwul. Meine Mutter, aufgewachsen in der sexuell trostlosen (um das mindeste darüber zu sagen) Adenauerära, hatte nach den ersten Monaten der Aufregung das Thema auf sich beruhen lassen. Anders meine Großmutter. Sie war in den wilden Zwanzigern das, was man heute einen Single nennt, und ihre Fotoschachtel barg einen ansehnlichen Schatz an Bildern wohlgebauter junger Männer.

Das sonntägliche Mittagessen war vorüber. Meine Mutter spülte das Geschirr, als Großmama mich für einen Augenblick verschmitzt ansah und fragte: »Dirk, wenn du mit anderen Männern zusammenbist, liegst du dann eigentlich oben?« Das nächste, was ich hörte, war der Knall zerspringenden Porzellans. Meine Mutter stand mit leeren Händen in der Küche, starrte fassungslos auf die Scherben des Tellers, der ihr soeben aus den Händen geglitten war, und brüllte: »Mutter! Jetzt ist aber genug!« Der kaputte Teller erlöste mich davon, eine Antwort geben zu müssen.

Eines der vielen Schimpfwörter für Schwule ist »Arsch-ficker«. Abgesehen davon, daß ich all diese Wörter für brutal und menschenverachtend halte, ist der Terminus darüber hinaus völlig unpassend. Im moslemischen Kulturkreis ist diese Praxis nicht einmal eine typisch homosexuelle Handlung. Schwul ist nur, wer unten liegt. Für viele von uns ist diese Form der Sexualität aber ohnehin tabu.

Zum Zeitpunkt jenes Wortwechsels kannte ich, wie eine stattliche Zahl homosexueller Männer in ihrem ganzen Leben, noch keinen Analverkehr. Ich hätte die Frage meiner Großmama also gar nicht beantworten können. Aber selbst wer darauf abfährt, wird berichten, daß die Mehrzahl seiner sexuellen Begegnungen sich auf manuelle oder orale Befriedigung »beschränkt«. Beides sind völlig gleichwertige sexuelle Handlungen, nicht weniger wichtig und schon gar nicht weniger lustvoll.

Für Heterosexuelle scheint das anders zu sein. Der Königsweg zum Orgasmus führt offenkundig für die Mehrzahl durch die Vagina. Alles andere heißt Vorspiel und ist eben nicht der Hauptakt. Das darf gerne etwas länger dauern, besonders wenn es nach den Frauen geht, aber dann bitte schön rein damit! Kann es sein, daß in der Vorstellung der meisten Heteros sich der »wahre« Sex auf Vaginalverkehr beschränkt, weil das männliche und weibliche Geschlechtsorgan so offensichtlich dafür geschaffen sind? Und weil in vielen Köpfen Sexualität und Fortpflanzung noch immer so nah beieinanderliegen, daß sich daraus eine Rangordnung der sexuellen Praktiken ableitet?

Wenn wir annehmen, daß Hetero- und Homomänner sich in ihren Empfindungen beim Sex nicht sonderlich unterscheiden, muß es einen Grund geben, warum Manuelles wie Orales beim Heterosex nicht die Bedeutung haben, die ihnen zuwachsen würde, wenn man ihr Lustpotential wirklich ausschöpft. Meine (zugegeben männliche) Hypothese lautet: Sie spielen beim Heterosex eine untergeordnete Rolle, weil die Männer (wer sonst?) den Frauen nicht beigebracht haben, daß es Spaß und Befriedigung verschaffen kann! Ich habe natürlich keine Erfahrung, ob der Umkehrschluß stimmt. Aber auch viele Heteromänner dürften ihre Schwierigkeiten haben, eine Frau lustvoll mit Hand und Mund zum Orgasmus zu bringen. Mein Tip: Beides als gleichwertige Varianten zu begreifen, die dem Liebesakt nicht vorausgehen, sondern zu denen man immer wieder während des Verkehrs zurückkehren kann.

Eröffnungsgambit

Jetzt mußte er eine Weile warten – Sie haben es hoffentlich warm genug, denn Kälte ist ein Sexkiller –, ist aber immer noch bereit zum Sex. Was fangen wir mit ihm an? Auf jeden Fall nicht das, was eine mir gutbekannte Person mit jenem Traum anstellte, der in Form eines 1,92 Meter großen skandinavischen Kleiderschranks bereits in guter Laune gegen Mitternacht ihre Wohnung betrat. Sie räumte ihm einen Platz auf dem Fernsehsessel frei, der bis zu diesem Moment als Ablage für ihre ›Geo‹-Sammlung gedient hatte. Erwartungsgemäß versank er in den Polstern, die Ohren zwischen den Knien. Sie eilte in die Küche und brüllte ihm von dort den Inhalt ihres Kühlschranks zu: »Limonade, Cola, Bier oder ein Rest Weißwein vom Abendessen? Oder lieber etwas Hochprozentiges: Bourbon? Schlehenfeuer? Oder einen letzten kleinen Wodka, vielleicht mit Orangensaft?« Es wurde ein großer Wodka auf Eis, um auf Nummer Sicher zu gehen.

Mit einem Glas Cola gewappnet, um die Kontrolle nicht zu verlieren, setzte sie sich gegenüber auf die Couch, grinste ihn kurz an, nur um erneut aufzustehen und ihre CD-Sammlung zu durchforsten.

»Was möchtest du denn hören?«

»Weiß nicht«, sagte der »Kleiderschrank« und nippte an seinem Wodka, den Blick bereits starr auf ein ›Geo‹-Cover neben sich geheftet. Als die Wahl schließlich auf jene Diva-CD fiel, die bei ihrem Ex-Boyfriend stets romantische Gefühle ausgelöst hatte (habe ich vergessen zu erzählen, daß sie das kurz erwähnte?), hatte sich ihr Gegenüber bereits in einen Artikel über Grönlands Ureinwohner vertieft.

Was folgte, war eine halbstündige frostige Konversation über die Mysterien des ewigen Eises und das wahllose Abknallen unschuldiger Robbenbabies. Die Atmosphäre blieb kühl, so kühl, daß der »Kleiderschrank« keine Anstalten machte, sich aus seinem Jackett zu pellen. Immerhin war er nach dem großen Wodka betrunken genug, nicht mehr nach Hause gehen zu wollen. Statt dessen wankte er hinter ihr her ins Schlafzimmer, wo er, mit Unterwäsche und Strümpfen bekleidet, einschlief und alsbald skandinavische Wälder zu zersägen begann. Sie hingegen lag die halbe Nacht wach und traute sich nicht, ihn anzufassen. Warum auch? Er hätte es eh nicht mehr gemerkt. Als sie am nächsten Morgen erwachte, war ihr Traum schon gegangen.

Was für eine Enttäuschung! Das Martyrium, Opfer der eigenen Ungeschicklichkeit geworden zu sein, wog fast schwerer als der entgangene Spaß. Ich weiß noch zu gut,

73

wie sich der Schmerz damals anfühlte. Die dumme Person war ich selbst.

Strategien

Immerhin war ich lernfähig. Heute weiß ich, daß eine Auswahl von mehr als drei Getränken jeden überfordert. Ich weiß auch, daß es hilft, ihm Jacke oder Mantel abzunehmen; daß die passende CD bereits im Player zu liegen hat, bevor ich das Haus verlasse, oder bereits läuft, wenn der Besuch die heiligen Hallen betritt; daß mein Ex-Lover ein Tabuthema ist und ich mir überdies Gesprächsthemen für hinterher oder den Morgen danach aufbewahre. Ich bugsiere keine Männer mehr in Sitzmöbel, aus denen ich sie später mühsam wieder hochziehen muß, sondern komme lieber gleich zur Sache. Manchmal tatsächlich schon im Flur, noch während die Tür ins Schloß fällt.

Viele Männer lieben die Überraschung, diesen unvorhergesehenen Moment, wenn sich ein harmloser Aufriß in pure Leidenschaft verwandelt. Die Scheu, dabei billige Hollywood-Szenen zu imitieren, sollte man schnellstens ablegen. Im Gegenteil, nehmen Sie es mit sportlichem Ehrgeiz. Und überhaupt, wer hat im Kino nicht schon geweint, und was ist daran billig? Nachmachen, genauso gut, das ist die Aufgabe, besser machen, so gut es geht, das ist die Kunst. Schließlich sind wir alle mit den Klischees der Traumfabrik großgeworden: Sharon Stone läßt ihm beim Betreten ihrer Wohnung den Vortritt, schließt die Tür hinter ihm, umfaßt mit der einen Hand seine Taille und dreht ihn ein wenig näher zu sich heran. Die andere Hand umfängt seine Schulter, und ihre Lippen berühren sanft, was immer er ihr in jenem Moment anbietet. Sind es seine Lippen: bueno! Ist es die Weiche seines Halses: buenissimo! Nichts erregt mehr als der süße Duft, der dieser zarten Stelle selbst dann noch entströmt, wenn der dazugehörige Mensch die letzten Stunden in verrauchten Kellerkneipen zugebracht hat. Ein sanfter Druck ihres Unterleibs gegen seinen während dieses ersten Kontaktes ist ein Signal, das ihm bedeutet, welche Freuden in den Tiefen ihrer Wohnung noch auf ihn warten. Das ist die offensive Variante.

Wenn ich heute einen Mann auf meiner Couch plaziere, setze ich mich neben ihn, meinen Körper seinem zugewandt, und lege ihm die Hand in den Nacken, rücke etwas näher und nutze auch hier die erste Gelegenheit, meine Lippen ins Spiel zu bringen. Denn mit den Lippen fängt es an! Während des ersten Kusses streicheln meine Hände zärtlich die Innenseite seiner Schenkel entlang und kommen kurz vor dem warmen Dreieck seiner Lust zur Ruhe. Vorerst zumindest, denn jetzt wird erst einmal Appetit gemacht.

Sollte die Situation gänzlich enthemmt sein, bedarf es keiner Tips. Alles läuft wie von selbst, so daß beide hinterher nicht mehr genau wissen, wie passieren konnte, was passieren mußte. Dann ist alles so einfach! Dieses Wissen kann Ihnen helfen, in etwas delikateren Situationen zu bestehen.

Denn natürlich ist das Leben meist anders. Ist der Herr eher zurückhaltend oder schüchtern, müssen Sie mehr »wider den Stachel löcken«, um die Situation in den Wind zu drehen, der Sie beide mitnimmt. Nicht dumm ist es, einfach so zu tun, als sei er nicht da. Wenn Sie alleine sind, fangen Sie auch schon im Wohnzimmer an, Überflüssiges abzulegen. Geben Sie sich möglichst selbstverständlich und ungezwungen, schließlich ist es Ihre Wohnung. Das entspannt die gesamte Situation.

Sollte es peinlich werden (und das wird es immer mal wieder), halten Sie diese Peinlichkeit aus. Schauen Sie ihm weiter in die Augen, auch wenn Ihr Kopf aussieht wie das Stoppzeichen der Ampel vor der Tür. Ihre Augen werden ihn im Zweifelsfall mehr interessieren als die Hautfarbe Ihres Gesichtes. Und denken Sie daran (das hilft gut über die Situation), ab einem gewissen Alter weiß jeder, was der andere denkt, will und fühlt, zumindest auf der Ebene dessen, was beschämend sein könnte. Nichts ist so blamabel, als mit der Peinlichkeit nicht umgehen zu können. Durch keine solche Situation ist zu irgendeinem Zeitpunkt der ganze Abend verloren. Lassen Sie den Mut nie fahren, der Abend hat genügend Potential. Heute spielt die Zeit eine untergeordnete Rolle. Später werden Sie beide darüber lachen. Was kann es Besseres geben?

Fordern Sie ihn auf, es Ihnen gleichzutun. Das geht ohne Reden. Es ist noch immer Ihre Wohnung, und Sie sind die Gastgeberin. Setzen Sie sich, nachdem Sie es sich bequem gemacht haben, neben ihn und lassen Sie ihn spüren, auf was Sie als nächstes Lust haben. Meist reicht eine Geste, ein Lächeln. Jede Berührung wird er in diesem Moment spüren, wie Sie sie spüren. Der menschliche Körper ist in einem solchen Moment ein einziges, offenes, Liebe verlangendes und ausstrahlendes Organ. Seien Sie sicher, daß er jeden wie unabsichtlich an seiner Hand entlangfahrenden Finger nicht als Zufall, sondern als Aufforderung empfinden wird. Also seien Sie fordernd, Sie müssen nicht viel dafür tun. Und vielleicht lesen Sie sich die Passagen über Duschen und Strippen noch einmal durch – nein, nicht jetzt, vorher.

Das Spiel ist nicht anders, sollten Sie in seiner Wohnung gelandet sein. Sind Sie souverän, bewegen Sie sich auch hier, als wäre es Ihre. Sollte seine Wohnung Sie einschüchtern, dann tut es auch der Mann. Dann hat er das Kaliber, sich zu verhalten, wie er sollte: wie ein echter Mann. Überlassen Sie sich seinen Armen, und denken Sie an Ihre Tanzschule. Nehmen Sie es wie einen Tango. Lassen Sie sich führen, vertrauen Sie Ihrem Partner, lassen Sie sich fallen – seine Arme werden für die weiche Landung sorgen. Das sind die goldenen Momente, in denen die überkommene Rollenverteilung unvergleichlichen Spaß bereitet.

Lockende Lippen will man küssen

Muß ich wirklich auf dieses Wunder der Natur noch ein Loblied singen? Lippen sind traumhaft! Wer sie zusammenpreßt, dem entgeht alles! Ein erster tiefer Kuß öffnet die Sinne, mit geschlossenen Augen kann man entschweben und genießen. Ich habe noch nie einen ersten Kuß abgebrochen, es sei denn, ich hatte mich bei der Auswahl meines Mannes geirrt. Die guten ersten Küsse sind Dreiakter: Exposition, Höhepunkt, Finale!

Langsam erforschen sich die Lippenpaare, turteln umeinander und öffnen sich. Sie beginnen den zweiten Akt, in dem es tief und feucht zugeht, die Zungen ins Spiel kommen mit eher langsam kreisenden Bewegungen, niemals in der Geschwindigkeit sich drehender Rotoren. Dann lösen sich die Lippen behutsam, fassen noch einmal nach, zupfen zärtlich an der Unterlippe, drängen forsch vor und geben ihn schließlich frei – oder auch nicht.

Doch damit muß es nicht vorbei sein. Machen Sie Ihre Lippen zum Forscherpaar, das seinen Körper erkundet!

Ist er noch bekleidet, können die Hände den Lippen vorangehen und langsam die Knöpfe seines Hemdes öffnen. Erst wenn er die Aufforderung begreift und selbst Hand anlegt, um sich aus seiner Kleidung zu befreien, wird das Spiel ein Ende finden. Ob man sich danach gegenseitig auszieht oder dabei zuschaut, ist sicher eine Frage der Situation, selten ein Lippen-, immer ein Augenschmaus.

Zeigen Sie ihm, was Sie haben!

Die meisten Menschen haben mindestens einen Bereich Ihres Körper, den sie nicht uneingeschränkt mögen. Wir alle haben etwas an uns herumzumäkeln und genießen es häufig nicht wirklich, wenn uns jemand anschaut oder gar mit Blicken auszieht. In Wahrheit sehen nun einmal lediglich dreißig Frauen auf der Welt aus wie Supermodels, drei Milliarden tun es nicht (Männer dito, und das Alter hinterläßt Spuren).

Viel entscheidender aber als ein Superkörper ist die Einstellung, mit der man sich dem anderen präsentiert. Cordula, ein »männermordender Vamp«, faßt es so zusammen: »Ich zieh mich aus, und dann hat er fünfzehn Sekunden Zeit, zu sagen, dein Körper paßt mir nicht, ich gehe! Das hat bloß noch keiner gemacht, obwohl ich meine Beine viel zu dick finde. Ich glaube, es liegt daran, daß ich mich ohne Scham so zeige, wie ich bin. Das törnt Männer mehr an, als ein paar kräftige Beine sie abtörnen.«

Cordula hat recht. Zeigen Sie Ihrem Mann, was Sie haben! Verstecken Sie sich nicht, nur weil Sie glauben, ihm gefällt nicht, was er sieht. Genauso wichtig: Auch Sie haben ein Recht darauf, ihn von Kopf bis Fuß zu betrachten. Machen Sie davon Gebrauch! Wenn er sich in

Windeseile ausziehen und unter die Decke hüpfen will, wird es Zeit, ihn abzubremsen und Ihren Teil der voyeuristischen Freuden einzufordern: »Langsam, langsam! Laß mich dich doch mal anschauen!« Wird er rot? Schämt er sich? Das kann mitunter genau der Moment der Erregung sein, in dem die erste Spannung in die erste Leidenschaft übergeht. Jetzt ran an den Mann, Augen zu und ein leidenschaftlicher Kuß! Oder noch besser: Augen auf! Gönnen Sie sich den Anblick seines vor Sehnsucht zerschmelzenden Gesichts, wenn Sie sich küssen. Öffnet auch er seine Augen, blicken zwei Pupillenpaare tief hinunter in ein Seelenpaar. Prädikat: härchenaufstellend!

Geheimzartsecken und Schmusewinkel

Nach dem ersten Kuß sollten Ihre Lippen weiterforschen. Die sensiblen Stellen eines Männerkörpers sind zahlreicher, als selbst die meisten Männer ahnen. Mein Freund Anthony genießt feucht gehauchte Küsse am Übergang zwischen Hals und Schultern. Fast alle Menschen mögen es, dort gestreichelt, geküßt, geleckt zu werden. Von dort bis zu den Achselhöhlen ist es nur ein kleiner Schritt, aber Vorsicht: Nicht jeder mag den Geschmack von frischem Schweiß oder Deo, und nicht wenige Männer sträuben sich, dort Liebkosungen zuzulassen. In etwas leidenschaftlicheren Situationen kann es aber auch Spaß machen, sich den Weg zu seiner Achselhöhle zu »erkämpfen«. Ungefährlicher sind die Innenseiten der Arme, besonders die Innenseiten der Ellenbogen, und wer weitergeht, wird merken, welch lustvolle Phantasien es in einem Mann freisetzt, wenn man zärtlich an seinen Fingern zu saugen beginnt.

Fast alle Männer haben Probleme mit ihrem Bauch, ob berechtigt oder nicht. Selten werden Sie auf ein Exemplar treffen, das mit seinem Bauch zufrieden ist und sich ihn problemlos liebkosen läßt. Selbst Typen, auf deren Bauch sich Möhren raspeln ließen, wie der ›Stern‹ einmal über Brad Pitts Waschbrettbauch schrieb, haben noch etwas auszusetzen. Am schlimmsten leiden ausgerechnet Männer mit relativ kleinem Bäuchlein, dem berüchtigten »Bauchansatz«. Erst ab einer gewissen Größe scheint es wieder okay zu sein. Die sogenannten Bären tragen ihre Tonnen voller Stolz durch die Gegend, und ihre Liebhaber kaufen Magazine voller Bilder dicker Bäuche. Meine Mutter pflegte zu sagen: »Ein Mann ohne Bauch ist ein Krüppel.« Und das war keiner ihrer Männer. Im Zweifelsfalle aber lieber etwas schneller über den Bauch hinweg- oder an der Seite entlangschmusen ... Schade eigentlich, denn die Weichheit oder die muskulöse Knackigkeit eines Männerbauches ist beschwärmenswert.

Lassen Sie auf der Erkundungsfahrt Ihrer Lippen niemals die Schamgegend aus. Ob sich sein Penis bereits regt oder nicht, es würde Ihren Mann wundern oder sogar kränken, bliebe sein bestes Stück außen vor. Eine Stippvisite reicht, bevor es weitergeht zur Innenseite seiner Schenkel. Viele Männer genießen auch eine Fahrt Ihrer Lippen den Rücken hinunter, am besten am Rückgrat entlang. Die Gegend um den Steiß, wo die Pobacken sich erheben, strotzt nur so von reizbaren Nervenenden. Schließlich steht mancher Mann auch darauf, wenn Ihre Lippen seine Zehen liebkosen oder Ihre Zunge sie sanft umspielt. Spätestens da aber stellt sich Männern die Gretchenfrage, über deren ehrliche Antwort die meisten meiner Freundinnen in Stoßseufzer verfallen: »Wie hältst du's mit der Sauberkeit?«

Die Nase ißt mit

Meine beste Freundin Birgit war die erste, die mich auf dieses Problem einer anscheinend relevanten Zahl meiner Geschlechtsgenossen aufmerksam machte. Frisch getrennt von ihrem Freund, saß sie bei einem Stück Selbstgebackenem auf meinem Sofa und erzählte von hygienischen Mißständen. »Wo ich mit meiner Nase hinkam, fand ich Erstaunliches«, sagte sie und verzog ihr Gesicht, »es war mir manchmal zuviel!«

Ich hielt das Ganze für einen Spezialfall, doch eine Umfrage unter meinen Freundinnen förderte in kurzer Zeit weitere solcher Geschichten zutage, zu viele, um sie für Zufall zu halten. Julia bemerkte in einem Gespräch über die Freuden des Blasens: »Klar, wenn er gewaschen ist!«

Wie Sie einen Mann unter die Dusche lotsen, ohne das Kind mit dem Bade auszuschütten, habe ich bereits versucht vorzuinszenieren. Gegen kleine Finessen und selbst Notlügen ist nichts einzuwenden, solange es beiderseitigem Spaß, solange es Ihrer gemeinsamen Lust dient. Benutzen Sie also die kleinen, netten Tricks.

Hat Ihr Geliebter, Ihr Ehegatte oder Lebensabschnittsgefährte ein Dauerproblem mit seiner Sauberkeit, schalten Sie nach der dritten zärtlichen Einseifnummer auf stur! Duschgel und Handtuch, auf seiner Bettdecke drapiert, sprechen eine deutliche Sprache. Hilft das immer noch nicht, dann sagen Sie ihm, was Ihnen stinkt. Der Hinweis wird ihm hoffentlich so peinlich sein, daß er sich künftig von alleine daran hält.

Von den Händen an den Lenden

Das Onanieren bringt jeder Mann sich selber bei, meist im Alter von etwa zwölf Jahren. In dieser Phase hat jeder einen anderen Stil, gerade so, wie es für ihn, sein Glied und sein Gefühl richtig ist. Mein erstes Verfahren bestand darin, mein erigiertes Glied mit der rechten Hand in einen 90-Grad-Winkel zum Körper zu drücken und mit der weichen Innenseite des Handgelenks das äußerst sensible Dreieck an der Unterseite der Eichel in kreisenden Bewegungen zu liebkosen.

Fingerspitzengefühl ist angebracht, schließlich handelt es sich um ein sensibles menschliches Körperteil. Damit die Vorsicht aber nicht zur Erstarrung auf gewissermaßen der falschen Seite führt: Ein wenig Gleitmittel auf dem Handgelenk, Spucke oder Creme erhöht die Wirkung ungemein. Mit etwas Feuchtigkeit läßt es sich ungehemmter »arbeiten«, läuft es »wie geschmiert«. Obwohl mich der trockene Weg, wenn ich mich recht erinnere, schneller zum Orgasmus brachte. Meinen Pubertätsstil empfehle ich heute allenfalls als Variante, die ich zugunsten anderer aufgegeben habe.

Auf ein paar Dinge will ich hinweisen:
• Die meisten Schwänze weisen in voll erigiertem Zustand mehr oder weniger nach oben. Vielen Männern tut es weh, wenn man ihr hartes Glied zu weit und zu heftig nach unten drückt. Ein sanfter, leichter Druck aber hat eine durchaus lustfördernde Wirkung.
• Jeder Mann hat eine andere Art und Weise. Schauen Sie den Männern beim Onanieren zu, wann immer möglich, und mit der Zeit lassen sich eine Vielzahl von Varianten lernen. Viele meiner Freundinnen wenden ein, daß Männer sich nicht gerne beim Onanieren zuschauen las-

sen, aber ich frage umgekehrt: Wie oft haben Sie es denn durch Wort und Tat herausgefordert? Wie oft haben Sie einen Liebesabend damit begonnen oder zumindest fortgesetzt, sich ihm in angenehmer Stimmung und erotischem Nichts als Kleidung zu präsentieren, den Blick sinnlich-fordernd auf ihn gerichtet? Und wie oft haben Sie Hand an sich selber gelegt, in seiner Gegenwart versucht herauszufordern, was Sie von ihm sehen wollen? Ach, überhaupt habe ich immer wieder die Erfahrung gemacht, daß jeder Mann einen anderen »Stil« hat. Und manche dieser Stile haben mir besser getan als mein eigener. Sie haben genausoviel aufzutischen. Seien Sie schlicht selbstbewußt, daß das, was Sie anzubieten haben, genau das ist, was der Mann will, ohne es vorher gekannt zu haben. Varianten schaden nie.

• Eine andere Spielart besteht darin, sich mit Hand und Mund um andere Körperpartien zu kümmern: Hals, Brustwarzen oder Hoden. Manche Männer fühlen sich animiert, sich anzufassen, wenn sie das Gefühl bekommen, ihre Partnerin macht es an, ihnen dabei zuzuschauen.

• Die Unterseite der Eichel, wo bei unbeschnittenen Männern die Vorhaut ansetzt, ist eine zauberhaft sensible Stelle, die viel Beachtung finden darf. Wer sich allerdings zu sehr auf die Eichel konzentriert, riskiert eine sexuelle Überreizung. Die Lust findet keine Entladung im Orgasmus, sondern geht in Schmerz über.

• Beschnittene Glieder lieben Gleitmittel. Die dazugehörigen Männer haben oft eine Tube Gleitcreme in der Nähe ihres Bettes, ansonsten läßt sich schnell und einfach dafür sorgen. Die Überraschung: Unbeschnittene mögen es ebenso, nur ist es weniger offensichtlich.

Das sanfte Gleiten

Den natürlichen Weg zum sanften Gleiten bereitet der Körper selber mit dem sogenannten Lusttropfen. Manche Männer produzieren wahre Lustseen, andere bleiben trocken wie die Sahara. Von der Größe des Tropfens auf die Größe der Lust zu schließen ist jedoch Unsinn. Sinn hingegen macht es, den Lusttropfen, so er erscheint, mit Zeigefinger oder Handinnenfläche über der Eichel zu verteilen und ihn als natürliches Gleitmittel zu verwenden, denn dafür ist er gedacht.

Reicht der Tropfen nicht aus, hilft ein wenig Spucke (ein Blick in seine Augen und ein kleines, verführerisches Lächeln erleichtern enorm, die kleine Zeitspanne zu überbrücken). Manche Fette und Gleitmittel üben zwar eine angenehmere Wirkung auf das Glied aus als menschlicher Speichel, aber der Griff zur Tube ist weniger erotisch als der zwischen die Lippen. Er nimmt vorweg, was den Mann an Lust noch erwartet.

Der Paschagriff

Vom sanften Gleiten leitet sich eine Handhabung ab, auf die weder ich noch irgendein anderer Mann ein Urheberrecht anmelden kann. Wahrscheinlich ist sie so alt wie die Erfindung des Daumens. Unsere nächsten Verwandten, die Affen, benutzen sie, und zwar ausgiebig und gerne vor weiblichen Wesen, wie mir eine Biologin erzählte, die eine Weile in Südfrankreich unter Berber-Affen lebte.

Der Pascha des Affenrudels stellte sich jeden Morgen vor ihr auf, in etwa zehn Meter Entfernung, und begann seinen aufrechten und (wie sie mir versicherte) extra-

ordinär großen Penis durch die Affenfinger gleiten zu lassen. Dabei bleckte er die Zähne und grunzte genüßlich.
Die »Affengeilheit« war ein klarer Fall sexueller Nöti-
gung. Hätte meine Freundin das Theater nicht allmor-
gendlich über sich ergehen lassen, der Pascha hätte ihr
das Recht verwegert, sein Rudel beobachten zu dürfen.
Vielleicht reizte ihn dabei sogar die unübersehbare Abneigung, mit der die junge Biologin das Spiel über sich ergehen ließ – auch das ein Blick in die Natur männlicher
Sexualität. Oder hat meine Freundin den Affen zu sehr
vermenschlicht? Dann wäre es vielleicht doch eher ein
Blick in die weibliche Psyche ...

Nun aber das mich Verblüffende: Das Affenmännchen
befriedigte sich nach ihrer Schilderung haargenau so, wie
sie es von ihrem Lover her kannte und ich es mir von meinem schwulen Pornoidol Kip Noll in Filmen wie ›The
Boys from Venice‹ abgeguckt habe. In Erinnerung an unsere evolutionäre Herkunft nenne ich ihn hiermit den
Paschagriff. Es ist ein Dreischritt: Rum, runter und rauf!

Ausprobieren läßt er sich mit einem Zucchino, wobei
das runde Ende die Schwanzspitze und das gezackte Ende
die Wurzel darstellt. Am besten halten Sie ihn an seiner
Wurzel, als wäre er ein Penis – das beantwortet auch schon
die Frage, was mit der anderen Hand zu machen ist. Sie
hält die Wurzel, drückt sie sanft nach unten, umfaßt vielleicht auch den Hodensack, ein paar Fingerspitzen spielen mit den Hoden oder drücken auf die Stelle zwischen
Hodensack und Anus (die bei Frauen Damm heißt), denn
dieser Druck erhöht die Steifheit des Zucchino.

Zurück zu unserem Dreisatz: Rum, runter und rauf,
in dieser Reihenfolge. Männer fangen oben an, verteilen
ihren Lusttropfen, ihre Spucke oder was auch immer mit
der Handinnenfläche auf der Eichel. Dann formen, die

Hand noch immer oben, Daumen und Finger einen Ring und umschließen den Penis unterhalb der Eichel. Manche Männer bevorzugen die Handfläche dabei Richtung Bauch, also oben, andere haben sie lieber unterhalb. Ausprobieren! Jetzt runter mit der Hand, bis zur Wurzel, dann wieder rauf – der Ring öffnet sich. Oben mit der Handinnenfläche über die Eichel streichen, wobei das Handgelenk sich dreht: rum! Oben angekommen, läßt sich eine ganze Drehung ausführen, bei einer halben Drehung ändert sich alles. Zeigten vorher die Finger Richtung Bauch, tut es nun der Daumen. Nun wieder den Ring formen, und runter geht's! Die Grundregel beim Massieren gilt auch beim Paschagriff: immer Körperkontakt, in diesem Falle Schwanzkontakt, halten, dranbleiben! Ob im Liegen oder Stehen, mit dem Zucchino ist der Paschagriff schnell gelernt. Und funktioniert hat er bisher bei allen Männern.

Nur ein Griff?

Das also ist das ganze Geheimnis: Pascha, wichs und weg? Natürlich nicht. Robert mochte es besonders, wenn man ihm mit allen fünf Fingerspitzen ausgiebig die Vorhaut rund um die Eichel massierte. Er brachte es damit zwar nicht zum Orgasmus, wohl aber begann er nach einer Weile zu stöhnen, besser gesagt lange, von Zuckungen der Bauchmuskulatur begleitete Brummlaute auszustoßen, die eindeutig nicht mehr von dieser Welt waren. Ihm waren seine unkontrollierten Brummer allerdings peinlich, und er weigerte sich stets, meinem Wunsch nachzukommen und sie für die Ewigkeit auf Tonband zu bannen.

Tatsächlich läßt sich der Paschagriff variieren, das wird Sie nicht überraschen. Frau kann eine Weile oben bleiben und langsam die Handinnenflächen um die Eichel drehen, wenn es gilt, die Lust zu verlängern und zu intensivieren. Männer mit Vorhaut genießen es auch, wenn die Hand eine Weile lediglich hoch- und runterfährt und die Vorhaut dabei über die Eichel und wieder zurück schiebt. Mit der Hand an der Wurzel läßt sich ebenfalls die Vorhaut zurückziehen, so daß die Eichel freiliegt. Auch beschnittene Männer mögen es, auf diese Weise massiert zu werden, Feuchtigkeit vorausgesetzt. Spaß macht auch, sich auf den Schaft zu konzentrieren und mit der Hand leicht gegen die Unterseite der Eichel zu schlagen – alles Varianten von »rum, runter und rauf«.

Bei alldem besteht ein kompliziertes Verhältnis zwischen Druck, Zeit und Schnelligkeit. »Schneller oder fester« bringen einen Mann dem Orgasmus näher, ab einem gewissen Punkt aber auch dazu, mit schmerzverzerrtem Gesicht »Stop!« zu brüllen. Hier Regeln aufzustellen hieße lügen. Übung alleine macht die Meisterin.

Liebeshandel

Selten genug wird es passieren, daß der Sex mit einem Mann allein darin besteht, ihm einen runterzuholen. Einseitige oder gegenseitige Masturbation aber kann natürlich an jeder Stelle des Liebesspiels stattfinden. Nur sind, ehrlich gesagt, nebeneinanderliegen und aneinander »werkeln« meist das Gegenteil von gutem Sex. Männer in Kasernen, Gefängnissen und Internaten tun es, ihren Blick starr auf die Pornos vor ihnen gerichtet. Das ist kein Vorbild für guten Sex, sondern eine Notlage!

Selbst bei einem Quickie in der Umkleidekabine muß Zeit genug sein, um Gürtel und Hose zu öffnen und seine besten Stücke freizulegen. Das Auge ißt auch beim Sex mit, und ein knackiger Männerarsch ist viel zu geil, um ihn vorher, dabei und nachher nicht mindestens gesehen zu haben. Zudem verursacht ein im Reißverschluß eingeklemmtes Geschlecht wenig Freude.

Im Stehen, möglicherweise vor einem Spiegel, macht es noch mehr Spaß. Meine Lieblingsstellung ist dabei halb links oder rechts hinter meinem Mann. Sein Oberschenkel oder die Pobacke dienen dabei als ideale Reibefläche für Glied beziehungsweise Vagina, aber das hängt natürlich von der jeweiligen Körpergröße ab.

Während ich mein Gegenüber mit der einen Hand befriedige, fasse ich ihm mit der anderen von hinten zwischen die Beine und massiere die besagte Stelle unterhalb des Hodensacks. Vergessen Sie diese Stelle nie, denn sie hilft jedem auf die Sprünge! Oder ich rutsche mit dem Zeigefinger in die Poritze und kreise langsam um seine Rose. Ich verwette meine Jungfräulichkeit, daß auch Heteromänner darauf abfahren. Mit Spucke und Übung (Achtung, die Fingernägel!) schlüpft der Finger auch in den After. Wenn Sie nicht vor lauter Aufregung alles vergessen, werden Sie überrascht sein, wie sehr Ihr Mann das goutiert.

Ich weiß, daß Heteromänner und ihr Allerwertester ein abgründiges Thema sind. Die meisten schaffen es gerade mal, ihn einigermaßen in Form zu halten, ohne ihn je anschauen zu müssen. Am einfachsten läßt sich die Spielart in einer Situation ausprobieren, in der Ihr Typ bereits mächtig erregt ist. Oder erzählen Sie ihm, was für einen geilen Knackarsch er hat. Männer sind eitel und Komplimenten gegenüber wehrlos! Sagen Sie ihm, wie groß Ihre Lust ist, sich ein wenig um seinen Hintern zu kümmern. Oder gehen Sie weiter zum nächsten Kapitel, in dem ich mehr über den Männerhintern als Sexualorgan erzähle. Sie werden sich wundern!

French Kisses

Ich bin noch keinem Homosexuellen begegnet, der nicht gerne einen Schwanz bläst. Und ich habe noch keinen Mann getroffen, der sich nicht gerne blasen läßt. Frage irgendeinen, egal wo, egal wann – seine Antwort wird lauten: »Klar, sofort!« Wenn es einen Unterschied zwischen Heteros und Homos gibt, dann ist es die fanatische Lust schwuler Männer, diesem Wunsch nachzukommen. Das korrekte Schimpfwort für Schwule wäre also »Schwanzlutscher«. Es zu benutzen, verbiete ich hiermit trotzdem.

Eines ist klar: Diese Lust steht in der Liste unerfüllter Wünsche bei Heteromännern auf Platz eins. Im Internet trifft man auf eine Handvoll Chaträume, in denen heterosexuelle Männer sich gegenseitig ihre Sexphantasien erzählen. Ich habe die Probe aufs Exempel gemacht und mich in einen dieser Kanäle geschleust. Mein Deckname war »Blowjob 4 U«, zu deutsch: »Ich blas dir einen ...« Die Reaktionen waren enorm!

Obwohl ich allen wiederholt klarmachte, daß ich selber ein Mann bin, konnte ich mich vor Angeboten nicht retten. Manche zögerten, wollten wissen, wie gut ich es könne und ob ich ihre 20 Zentimeter (haha!) denn auch bewältige. Mit der Versicherung, das sei eine meiner leichteren Übungen, hatte ich sie auch schon soweit. Kein einziger Mann überlegte es sich anders. Mag sein, daß sie sich in Neuseeland und Schweden (kein Hetero ist ein Held, wie wir alle wissen) in sicherer Entfernung wähnten und sich mich als Frau vorstellten, ich ihnen also nicht zu nahe kommen konnte. Mag sein. Ich stelle es mir anders vor.

Innerhalb einer halben Stunde hätte ich, zumindest theoretisch, fünfzig Lustobjekte jeden Alters und jeder Größe haben können, von Dänemark bis Australien. Wenn es um die Befriedigung mit Mund und Zunge geht, scheinen Heteros alle Hemmungen zu verlieren. Immer wieder habe ich an typisch schwulen Treffpunkten für anonymen Sex Heteromänner getroffen, die dorthin kamen, um sich sach- und fachgerecht »bedienen« zu lassen. Meine lieben Freundinnen, da liegt eine Chance!

Mit einigen Heteros habe ich mich, live und im Netz, länger über dieses Thema unterhalten. Ich wollte natürlich wissen, warum sie sich auf mein Angebot, sie oral zu befriedigen, einlassen würden. Die Gründe waren immer die gleichen: Sie lieben es über alles, und ihre Freundin mag es nicht.

Auf die Frage, was genau sie am Oralverkehr schätzen, wurden die Antworten schon dünner. Es ist ein Elend mit den Heteromännern, sie denken zwar ständig an Sex, aber machen sich nie ernsthaft Gedanken darüber! Die spärlichen Antworten: »Es fühlt sich gut an.« – »Ich kann mich dabei gehenlassen.« – »Ich muß selber nichts tun.«

Die amerikanische Sextherapeutin Dr. Susan Block schreibt in ihren ›Zehn Geboten der männlichen Freude‹: »Du sollst seinen Penis bewundern! Männer lieben ihren eigenen Schwanz. Sein Penis ist nicht nur der größte Quell seiner Lust, er ist seine Identität.« Seine Identität (wer sonst nichts hat?) in den Mund zu nehmen, ihn zu lecken und zu saugen, zu lieben und zu vergöttern ist die oberste Form der Bewunderung für ihn. Schauen Sie sich den Oralverkehr in Heteropornos an: Die Frauen sind stets in dienender Haltung, schauen anhimmelnd auf sein großes Gerät oder in seine Augen, den Blick demütig nach oben gerichtet, während die Zunge über seine Eichel streicht. Sind das Männerphantasien? Ja, auch! Es kann ein sexueller Trip und ein Kick für sein Selbstbewußtsein sein. Ich werde geblasen, also bin ich! Ich empfehle, Männer häufig, ausgiebig und so kunstvoll wie möglich mit dem Mund zu befriedigen.

Hier mag sich Widerspruch regen. Wer will sich schon mit denselben Lippen einen Pascha heranziehen, die man sich ansonsten fusselig redet, um einen halbwegs sozial kompatiblen Menschen aus ihm zu machen? Keine Angst, kein Mann wird zum Pascha, weil er befriedigt wird. Entweder ist er ein Macho, dann wird er weiterhin ein Macho sein, egal, was ihm geboten oder vorenthalten wird. Bekommt er einen geblasen, ist er zumindest ein glücklicher Macho. Ein sensibler und aufgeklärter Hetero ist nach gutem Oralsex handzahm – und wenn Sie darauf keine Lust haben, dann schicken Sie ihn vorbei.

Oral poetry!

Eine mögliche Abneigung gegen Oralsex hat ihren Grund vielleicht darin, daß es manchen keinen Spaß macht, es widerlich schmeckt (auch ohne, daß er kommt) oder das beste Stück nicht in den Mund paßt. Ich wäre ein schlechter Ratgeber, würde ich das nicht ernst nehmen, zumal: Wer sich nicht darauf einläßt, kann nicht erwarten, selbst mit dem Mund verführt zu werden, und Geblasenwerden macht ungeheuren Spaß!

Also nähern wir uns dem Thema vorurteilsfrei und rein technisch. Blasen oder Nicht-Blasen, das ist hier die Frage. Allein Lust oder Widerwille entscheidet: Schmeckt er mir, blas ich ihn; schmeckt er nicht, lass ich's bleiben!

Sexualität ist ein Spiel mit unserem Körper, und ein Spiel mit Macht, dazu muß man nicht Monica Lewinsky heißen. Wenn wir es spielen, nehmen wir immer eine Rolle ein. Diese Rolle definieren wir selbst, durch das, was wir beim Sex tun, vor allem aber durch das, was sich dabei in unserem Kopf abspielt. In Sado-Maso-Spielen wird das besonders deutlich, weil sich die Rollen während des Sex nicht ändern. SM-Anhänger spielen konkrete Spiele, sind Meister und Sklave, Herr und Hund. Die in einer sexuellen Situation definierten Rollen bleiben fast immer bestehen, solange der Sex währt.

Im »gewöhnlichen« Sex sind die Rollen nicht festgelegt, sie können sich jede Sekunde ändern. Aber es ist das Spiel von Geben und Nehmen, von aktiv und passiv, von oben und unten, von Macht und Ohnmacht. Das gibt dem Sex einen Kick. Wenn ich jemanden liebe, will ich ihn verwöhnen. Lieben heißt geben und/oder nehmen wollen. In Hingabe und Herrschaft liegt der Schlüssel zur sexuellen Lust. Was das mit dem Thema zu tun hat? Das entscheidende Wort heißt: Spiel!

Wenn Männer beim oralen Sex ihre Machtphantasien durchspielen dürfen, können, sollen: welch wunderbarer Fortschritt! Ich kann mir keine sympathischere Möglichkeit vorstellen, das auszuleben, als in einem friedvollen und gegenseitig befriedigenden Spiel, das mit dem Orgasmus endet. Umgekehrt hatte ich oft genug mit einem Penis im Mund Ohnmachtsphantasien (oder waren es doch Machtphantasien), und die machten die Situation nur noch geiler, diesem Superkerl »zu Diensten« zu sein, bis er aufstöhnt und wieder zusammensinkt zu dem, was er wirklich ist: ein normaler, völlig durchschnittlicher Mann, liebenswert, gefesselt und verstrickt in seine männliche Natur, gegen die es kein Mittel gibt.

Vergaß ich das zweite entscheidende Wort? Macht. Macht macht Spaß. Sex ist eine Kombination von beidem, ein lustvolles Spiel mit der Macht. Und ich wette, eine Studie, die den Zusammenhang zwischen der Geschirrspülfrequenz oral befriedigter und unbefriedigter heterosexueller Männer in festen Verhältnissen untersucht, käme zu einem überraschenden Ergebnis. Okay, im Zeitalter der Geschirrspülmaschine auch nicht mehr das schlagende Argument, also glauben Sie es mir bitte einfach so: Männer mit Oralverkehr sind dankbare Männer. Natürlich muß es Spaß machen. Und Spaß macht, was man kann.

Von A(tmen) bis Z(ähne)

Der »größte« männliche Pornostar der siebziger Jahre war John Holmes, ein Mann mit geschätzten dreiunddreißig Zentimetern. Er liebte es, Frauen mit seinem Mund zu lutschen, und erkannte sofort Frauen, die ihrerseits den Mund nicht voll bekommen konnten. Seine Lieblingskollegin hieß Seka, eine forsche Blondine mit samtweichen Lippen. John zu blasen, sagte sie, sei so schwierig, wie einen Telefonmast zu lutschen. Wer sie in einem Film mit ihm erlebt, kann zuschauen, wieviel Vergnügen sie hat, es dennoch zu probieren. Und wie sie dabei vorgeht: Stück für Stück! Erst umkreist ihre Zunge seine Eichel, dann schließen sich ihre Lippen um sie herum. Langsam gleitet sie ein Stück tiefer, kommt wieder hoch, geht erneut ein Stück tiefer. Große Organe behandelt man wie eine festgefahrene Limousine. Vollgas hilft nicht, langsam Gas geben, wohldosiert und in Schüben kommen Sie voran. Sie werden sich wundern, wie tief Sie mit der Zeit gelangen.

Auch meine Freundin Sharon setzt auf die Praktik, um größere Exemplare mit ihrem zierlichen Mund zu blasen. Darüber hinaus hat sie eine Atmung entwickelt, die es leichter macht, lange und ausgiebig dabeizubleiben. Sie ist ganz simpel: beim Runtergehen ausatmen, beim Hochgehen einatmen.

Richtig atmen!

Dieser kleine Trick hilft gewaltig. Eigentlich ist es auch klar, daß das Einatmen leichter fällt, wenn der Mund frei ist. Zudem entwickelt sich ein Rhythmus ganz von selbst, wenn die Bewegungen der Atmung folgen. Ich empfehle sogar, das ein paarmal bewußt zu üben. Und habe ich schon erwähnt, daß man natürlich durch die Nase einatmet? Man kann sich sonst böse verschlucken! Ausatmen läßt sich hingegen gelegentlich auch durch den Mund, links und rechts am besten Stück des Mannes vorbei. Was immer sonst zu sagen ist: Nichts ist wichtiger als das richtige Atmen!

Lippen, Zunge, Zähne

Der natürliche Feind einer guten Fellatio sind gesunde Zähne. Da die meisten von uns noch nicht in einem Alter sind, in dem man sie herausnehmen kann, bleibt nichts anderes als aufzupassen. Ein winziger falscher Moment kann unübersehbare Schäden an der Vorhaut anrichten. Und unüberhörbare! Die Vorstellung eines in voller Erregung von scharfen Zähnen gepeinigten Gliedes gehört zu den traumatischen Erlebnissen im Leben eines Mannes. Sind jedoch die Lippen angespitzt wie bei einem Knutschekuß, diesen Küssen, die man mit fünfzehn für sinnlich hielt, so rutschen die Zähne automatisch ein wenig nach hinten, und das hilft. Daß ein offener Mund mehr Platz für einen Schwanz hat als ein nur halb geöffneter, sage ich nur der Vollständigkeit halber.

Überhaupt, die Lippen! Feucht sollen sie sein und in stetem Kontakt mit dem Objekt der Begierde. Wer auch nur versucht, guten Oralverkehr zu haben, ohne daß die Lippen das Glied berühren, hat schon verloren. Sie müssen nicht voll und nicht rund sein, mir hat jede Lippenform orale Freuden verschafft, sie müssen einfach nur dabeisein. Sexuelle Reizung hat nun einmal mit Kontakt zu tun.

Schwieriger ist ein einfacher Ratschlag in bezug auf die richtige Zungenarbeit. Erfahrene Bläser konterkarieren das Auf und Ab der Lippen mit einer Drehbewegung der Zunge um das Lustobjekt herum. Oder mit einem Kitzeln der Eichel. Wer darauf steht, schiebt seine Zunge unter die Vorhaut und kreist dort eine Weile umher. Weil ich Technik aber immer nur so lange für wichtig halte, wie sie der Sinnlichkeit nicht im Wege steht, verlasse ich Sie hier. Spielen Sie Ihr Spiel mit der Zunge, wenn Sie sich sicher genug fühlen, wie immer es Ihnen Spaß bereitet. Sie besorgt das kleine Extra, das guten Oralverkehr von exzellentem unterscheidet.

Kniffe fürs Kneten

Das größte Sexualorgan des Menschen ist und bleibt die Haut. Sie zu berühren, zu streicheln tut überall und jederzeit gut. Von allen unseren Sinnen spielt das Fühlen beim Sex die Hauptrolle. Wie häufig reden wir von gegenseitiger Nähe, wie wichtig ist sie uns! Beim Sex wird sie körperlich, und je besser, je intensiver der Sex, desto mehr fühlen und spüren wir die Haut des anderen.

Keine Angst vor Nähe! Der »harte Bursche«, der unter Ihren knetenden Händen nicht weich, kuschelig und dankbar wird wie ein frischgestilltes Kleinkind, muß erst noch geboren werden. Eine liebevolle Massage ist ein wunderbarer Weg, um körperliche Nähe herzustellen. Und warum nicht auch für sie eine eigene Stimmung erzeugen, zum Beispiel mit Räucherstäbchen oder einer Duftkerze? Massagefans haben immer ein kleines Fläschchen erlesenen Öls neben ihrem Bett stehen, denn trocken massiert es sich nicht gut. Vor allem behaartere Männer danken es Ihnen, wenn Sie beim Massieren nicht auf die nötige Ölung verzichten. Einen ersten Seufzer ernten Sie garantiert, wenn Sie das Öl in Ihren Händen durch sanftes Bewegen leicht erwärmt haben, bevor Sie es in großen Zügen auf seiner Haut verteilen.

Beginnen Sie am Nacken oder rund um die Schulterblätter. Profis massieren niemals beide Seiten gleichzeitig, sondern erst die rechte und anschließend die linke Körperhälfte. Lassen Sie während der Massage die Hände immer am Körper des anderen, das erzeugt bei Ihrem Partner eine angenehme Sicherheit und Geborgenheit. In kreisenden Bewegungen streichen Sie nun um das Schulterblatt. Wenn Sie ein leises Knacken hören, handelt es sich um eine seiner Verspannungen, um die Sie sich gerne etwas intensiver und fester kümmern dürfen. Er wird es später zu schätzen wissen, und während der Massage ist jeder Mensch auf ein bißchen »Schmerz« eingestellt.

Wandern Sie weiter südlich, geraten Sie automatisch in die Nähe seines Pos. Mit dem Daumen können Sie in kreisenden Bewegungen (mit Kreisen macht man nie etwas verkehrt) seine Pobacken massieren. Rutschen Sie ruhig mit ein, zwei Fingern zwischen seine Backen, oder küssen Sie zwischendurch mal eine, schließlich kann eine Massage auch ein Versprechen auf mehr sein. Anschließend massieren Sie Arme und Beine, bis hinunter zu den Fingern und den Zehen, die Sie gerne langziehen dürfen, während Sie sie sanft in den Händen drehen. Ist es für ihn am schönsten und stöhnt er ganz entspannt vor sich hin, bitten Sie ihn, sich umzudrehen, damit Sie sich Brust und Bauch widmen können.

Von meiner Freundin Heike stammt ein Griff, den ich gerne gegen Ende einer Massage anwende und der noch jeden Mann umgehauen hat. Ich setze mich ans Kopfende, lege den Kopf des Mannes in meinen Schoß und schiebe beide Arme unter seinen Rücken. Nun balle ich die Fäuste, sage ihm, er soll sich schwer machen, und ziehe langsam beide Arme wieder unter seinem Rücken hervor. Am Nacken angekommen, öffne ich die Fäuste, wiege und strecke zuerst den Nacken und anschließend den Kopf in meinen Händen, bis ich ihn wieder in meinem Schoß ablege. Die meisten Männer wollen gleich noch einmal.

Hat sich am Ende einer solchen Massage sein Penis schon ein wenig gereckt (nicht wenige stehen bereits aufrecht), verpasse ich natürlich auch dem noch eine kleine Massage, auch wenn jeder weiß, daß der Penis eigentlich kein Muskel ist. Und wenn schon, ist dies etwa ein Anatomiekurs?

Dirty talking

Guter Sex braucht keine Worte. »Dirty talking« beim Sex ist eine Masche, die sich Leute mit wenig Phantasie von der Leinwand abgeguckt haben, die ja bei der Vermittlung von Sex auf so entscheidende Dinge wie Geruch, Gefühl und Geschmack verzichten muß. Also wird im Kino geredet, um das Gefühl von Geilheit zu erzeugen. Erfunden wurde »dirty talking« von der Pornoindustrie.

Mir geht das Gerede beim Sex, ehrlich gesagt, ein wenig auf den Geist, vor allem wenn Schwaben und Westfalen es miteinander treiben, obwohl ich als gebürtiger Saarländer besser den Mund halten sollte. Besonders peinlich finde ich, wenn zwei Deutsche sich englische Vokabeln zustöhnen, weil ihnen die entsprechenden deutschen zu schmutzig sind: »Ja ja, Babyle, fuck me härder!«

Gegen »dirty talking« außerhalb des Bettes hingegen habe ich nichts, im Gegenteil. Es kann ziemlich animieren, sich bereits am Telefon oder beim Abendessen zu erzählen, was man miteinander anstellen wird. Die Situation spielt natürlich eine Rolle. Das sinnliche Geflüster des tollsten Mannes kann abtörnen, wenn Sie es über Ihr Handy hören, während in Ihrem Büro gerade über die bevorstehende Konferenz geredet wird.

Bei jeder Art von Rollenspiel gehört Reden selbstverständlich dazu. Wenn Ihr Freund sich gerne am Hundehalsband durch die Wohnung Gassi führen läßt, ist ein hingeworfenes »Brav, Waldi, brav« geradezu Pflicht. Okay, das wird sicher nur die wenigsten unter Ihnen betreffen. Ansonsten sollten Sie höchstens nach seinen Wünschen und Abneigungen fragen, und das nur in konkreten Situationen und mit möglichst wenigen Worten: »so?« oder »so nicht?« Benutzen Sie Ihren Mund ausgiebig zum Atmen und Stöhnen, das in seinen Nuancen eine wesentlich deutlichere Sprache spricht, als Worte es je könnten. Schließlich wollen Sie nicht sein Großhirn auf der Suche nach Antworten anschalten und so die Situation beleuchten, sondern genießen. Also benutzen Sie den Mund, sich selbst zuliebe, für etwas anderes als reden.

Brustwarzen sind Lustwarzen

»Wenn ich auf eine einsame Insel verbannt würde und dürfte nur eine erogene Zone mitnehmen, ich würde mich für meine Brustwarzen entscheiden.« Dieser Satz stammt von meinem Freund Tony und bringt auf den Punkt, was nicht wenige Männer denken. Okay, manche läßt es völlig kalt, wenn man sich mit ihren Nippeln beschäftigt, andere finden es recht angenehm, für einige ist es Sexregion Nummer eins.

Brustwarzen verändern sich, wenn sie häufig fürs Liebesspiel benutzt werden. Sie werden größer, härter und stehen stärker vor. Begegnen Sie solchen Exemplaren bei einem Mann, wagen Sie ruhig einen kleinen Kniff, denn sie gehören höchstwahrscheinlich einem Brustwarzenconnaisseur.

Was stellt man mit Brustwarzen an? Nun, einfach drüberlecken ist langweilig. Ein wenig knabbern, mit Zähnen oder Lippen, sollte schon sein. Währenddessen kann sich ein Daumen samt Zeigefinger schon mal um Warze Nummer zwei kümmern. Beim Küssen läßt sich hervorragend mit beiden Händen an den Nippeln spielen. Manche Männer lieben es, wenn man ihre Brustwarzen leicht eindreht, andere stehen darauf, die Nippel mit Daumen und Zeigefinger zu schnippen.

Wer auf Brustwarzen abfährt, kann sich überlegen, ob ein Brustwarzenpiercing das Richtige ist. In einer Zeit, in der jedes fünfzehnjährige Mädchen mit Löchern in der Zunge durch die Gegend läuft oder Brustwarzenpiercing in ›Elle‹ als Schönheitsideal vorgeführt wird, ist auch das kein Tabu mehr. Das Verheilen dauert zwar sechs Wochen, aber nicht wenige Männer halten solche Piercings bei Frauen für erotisch. Wem ein Loch zu endgültig ist, kann auch mit Wäscheklammern oder eigens dafür gedachten Brustwarzenklammern experimentieren. Die werden von zart bis hart, mit Zähnchen oder ohne, im Spielzeugladen für Erwachsene angeboten. Sollten Sie sich jetzt fragen, was an einer Wäscheklammer am Busen erotisch sein soll, probieren Sie es am besten aus.

Eiertänze

Wahrscheinlich ist Frauen nichts fremder als die beiden Nüsse im Säckchen, die Hoden. Selbst Männer wissen nicht viel mehr über sie, als daß erstens die Kinder da herkommen, sie zweitens draußen lagern müssen, weil es drinnen zu warm ist, und drittens Mann sich vor nichts auf der Welt fürchten muß – außer vor einem Tritt in die Eier.

Testikel existieren in allen Größen, von Erdnuß bis Walnuß, und was für den Schwanz gilt, gilt auch für sie: Eigentlich spielt die Größe ja keine Rolle, aber ...! Manche Schwule fahren auf »größere« Exemplare ab, andere kümmern sich gar nicht um sie. Wer Hoden in freier Wildbahn beobachtet, wird feststellen, daß sie während der sexuellen Erregung praktisch nie in Ruhestellung verharren, ständig »rumeiern« und manchmal, besonders während des Orgasmus, fast vollständig nach innen verschwinden. Bizarre Zutaten, diese Hoden!

Während des Liebesspiels umfaßt man Hoden und Sack am besten mit Daumen und Zeigefinger, und zwar so, daß das Paket bequem in der Handinnenfläche liegt; so läßt es sich leichter handhaben. Da der gesamte Bereich überaus empfindlich ist, sollte frau sich Beißen, Kratzen, Zupfen und Kneifen verkneifen. Mit einer Zunge allerdings haben die beiden Sensibelchen weniger Probleme: einer beweglichen und feuchten Zunge, die sie zärtlich umspielt, ihnen einzeln oder – das erfordert einiges Geschick, eine offene (Kiefer-)Haltung und ist wohl etwas für Fortgeschrittene – gemeinsam in den Mund hilft, wo sie, von Speichel umspült, ihrem Träger einige Wonne bereiten. Mit dem Eier-Doppel-Trick bekommen Sie viele Männer zum Stöhnen.

Männer, die das Spiel mit ihren Hoden mögen, genießen es jederzeit und nicht nur als Teil des Vorspiels. Ob beim Blasen, Runterholen oder auch beim Geschlechtsverkehr, es lohnt sich immer wieder, mit Daumen und Zeigefinger den Ring um sie zu schließen und die beiden Prachtstücke in der Handinnenfläche baumeln zu lassen. Ein leichter Zug am Hodensack tut nicht weh, manche Männer schätzen ihn sogar als zusätzlichen Reiz, während sie gerieben oder gelutscht werden.

Einige Männer rasieren sich den Hodensack, oder sie lassen ihn sich rasieren. Ehrlich gesagt, ich finde ihn rasiert ganz schick, er faßt sich aufreizender an. Falls Sie die Rasur zum Teil des Liebesspiels machen wollen: grundsätzlich naß rasieren und die jeweilige Stelle mit der anderen Hand glattziehen, wie beim Bügeln! Und nicht zuviel Angst vor den Hoden, sie sind beweglich und verziehen sich, wenn die Klinge kommt.

Kleine Anatomie des Schwanzes

Sein erster Name war Fritzchen. »Wasch dir die Hände, du hast dein Fritzchen angefaßt!« ermahnte mich meistens meine Mama, wenn ich als Steppke stolz vom Pinkeln im Stehen zurückkam. Später lernte ich »Glied«, dann »Penis«, endlich »Schwanz«. So nenne ich ihn noch heute. Im Laufe der Zeit habe ich ein paar weitere Schwänze kennengelernt, die meisten davon als Ständer.

Ständer kommen und gehen. Manchmal aber kommen sie einfach und gehen nicht wieder. Dann haben Männer etwas, das sie manchmal untereinander einfach bloß »Druck« nennen. Und der läßt sich allein durchs »Runterholen« oder besser gleich mit Sex beseitigen!

Den meisten Männern, die ich kennengelernt habe, war ihr Penis ziemlich bis verdammt wichtig. Vernachlässigt man ihn, meldet er sich. Es ist ein Gerücht, daß alle Männer sich Gedanken um die Größe ihres Penis machen. Die meisten haben sich vielleicht eine Zeitlang darüber den Kopf zerbrochen, und ein paar sind beständig unglücklich. Ich glaube, das hat aber nicht wirklich etwas mit ihrer Penisgröße zu tun; sie wären auch mit jeder anderen Größe, die Mutter Natur ihnen verpaßt hätte, unglücklich. Denken Sie über das Männer-und-ihr-Penis-Problem wie über das Frauen-und-ihre-Brüste-Dilemma, und Sie haben ein relativ sicheres Gefühl dafür, wie es Männern geht. Die eine akzeptiert irgendwann Körbchengröße 75 A, eine andere wird nicht ruhen, bis der Silikonanteil dreißig Prozent ihres Körpergewichts ausmacht. Penisverlängerungen stecken halt noch immer in den Kinderschuhen.

Die durchschnittliche Penislänge liegt um 16 Zentimeter. So genau werden wir das aber nie herausfinden, denn die meisten Statistiker sind Männer. Über so wenige Zentimeter wie der Durchschnitt verfügt natürlich in Wahrheit kein Mann, unter 18 Zentimetern fängt er gar nicht an zu messen. Unter Homosexuellen gilt alles unter 20 schon als klein, die Durchschnittslänge in schwulen Callboy-Anzeigen liegt bei 22,5 Zentimeter. Erstens ist die Länge natürlich sowieso ohne Belang, zweitens darf sie keinesfalls ohne ihr Pendant, das Volumen, gesehen werden.

Lange-aber-dünne Glieder zum Beispiel bereiten den meisten Menschen mehr oralen Spaß als lang-voluminöse. Kurz-voluminöse hingegen sehen oft etwas gnomenhaft, fast lustig aus, fassen sich dafür aber toll an. Kurze-dünne sind echte Problemfälle, bei denen man Phantasie entwickeln muß, was durchaus Spaß machen kann. Lang-voluminöse ab einer gewissen Größe sind echter Leistungssport. Ach ja, und dann sind sie auch noch unterschiedlich gekrümmt, in alle möglichen Richtungen, manche sogar geknickt. Leicht nach unten gekrümmte lang-dünne sind meine Oralfavoriten. Die Kompatibilität hängt natürlich auch vom Kehlkopf ab.

Sie merken schon: Für und gegen jeden Penistyp spricht eine stolze Reihe von Gründen, weswegen Sie im Grunde mit jedem Schwanz leben können, genausogut aber das Recht haben, eine bestimmte Sorte besonders toll zu finden. Wenn Ihnen große Glieder Spaß machen, lassen Sie sich nicht einreden, daß die Größe keine Rolle spielt! Hat sie tatsächlich keine Bedeutung für Sie, so haben Sie wesentlich mehr Chancen, das Passende zu finden – ja ja, es kommt drauf an, was er draus macht. Oder Sie daraus machen. Und an dem Punkt wird es eigentlich erst prickelnd.

Neben Länge, Volumen und Krümmung sind für ein grundsätzliches Verständnis der nächsten Kapitel und der Männer wichtigstes Accessoire zwei Parameter wichtig. Hat er eine Vorhaut oder keine, und ist er ein »Steiger« oder ein »Füller«? »Steiger« ändern, wie ihr Name andeutet, während einer Erektion eher die Richtung als die Form; unter Schwulen heißen sie auch einfach »die Kräftigen«. Wer einem solchen Mann in den Schritt faßt, spürt etwas, und das ist im allgemeinen keine Hasenpfote. Die Männer mit einem »Füller« bekommen vielleicht am Ende sogar die größere Erektion, aber das sieht man nicht und spürt man nicht. Dafür bieten sie einen Überraschungseffekt, der »Kräftigen« abgeht.

Die meisten Männer mit Vorhaut sind eigentlich recht zufrieden mit ihr, während eine ziemliche Anzahl beschnittener Männer um ihre Vorhaut trauert. Ein beschnittener Schwanz braucht sicherlich einen Hauch länger zum Orgasmus, denn die Dauerpräsenz der Eichel stumpft sie schon ein wenig ab. Der Unterschied ist aber bestimmt nicht signifikant genug, um deswegen nach beschnittenen Männern Ausschau halten zu müssen. Mit unbeschnittenen Schwänzen läßt sich sicherlich manuell mehr anstellen, und sie bedürfen einer höheren hygienischen Aufmerksamkeit.

Keine Panik bei Durchhängern

Der Penis ist des Mannes bester Freund, aber leider kein besonders zuverlässiger. Manchmal fragt man sich, was dieser Kerl denn immer will, und wünscht sich nichts sehnlicher als die Nähe einer kalten Dusche oder Sex. Bei meinem Ex-Lover Klaus führten ausgerechnet Prüfungssituationen zu einem Dauerständer, eine teuflische Kombination, die gewiß schon manche Karriere gefährdet bis ruiniert hat.

Ungewollte Erektionen sind das Trauma eines jeden pubertierenden Jünglings und geifernden Alten. Die Generationen dazwischen plagen sich zumindest ab und zu mit dem Gegenteil. Impotenz, im Sinne von »keinen hochzukriegen«, kennt jeder Mann. Einige wenige sind es ständig, und die sollten tatsächlich den Rat von Experten einholen. Die Ursachen für wirkliche Impotenz sind vielfältig und reichen von Medikationen über organische Störungen bis zu psychologischen Ursachen, meist ist es ein Mix verschiedener Gründe. Der gelegentliche Durchhänger ist etwas anderes.

Versuchen Sie in einer solchen Situation Verständnis aufzubringen für seine Sorgen und Nöte, denn er befindet sich in einer groben Zwickmühle. Er bekommt keinen hoch, und je mehr er daran arbeitet, desto mehr beschäftigt ihn dieses Thema und nicht Sex und Erotik. Das Ergebnis ist klar: Schlappschwanz.

Wer auf dieser Situation herumreitet, reitet sich ins Unglück. Eine solche Schmach vergißt er nicht, und er wird alles dafür tun, diese Scharte auszuwetzen. Im Alltag haben Sie mit einem gedemütigten Mann wenig Spaß, im Bett überhaupt keinen mehr. Die meisten Frauen, und ebenso schwule Männer, fühlen sich für die fehlende Steifheit des anderen eher selbst verantwortlich. Auch das ist Unsinn. Erektionen, auch fehlende, haben nichts mit Schuld oder Verantwortung zu tun. Statt sich Vorwürfe oder Gedanken zu machen (»Um Himmels willen, er findet mich nicht erotisch!«) und damit lediglich mitzuhelfen, daß die Panik sich hochschaukelt, wirken Sie beruhigend auf ihn ein und bewahren Sie einen kühlen Kopf.

In der Pornoindustrie werden solche Probleme gelöst, indem man die Jungs alleine läßt und ihnen ein paar geile Heftchen gibt. Sanfter Druck auf den männlichen Damm, so nenne ich den Schwanzwurzelansatz unterhalb des Hodensacks, oder ein Cockring können helfen, mehr Blut in den Penis zu bringen. Vor allem aber hilft das Wissen darum, was Ihren Partner anmacht. Es ist kein Fehler, nach einigen vergeblichen Minuten zu sagen: »Es macht mir nichts aus, wenn du keinen hochbekommst. Ich habe trotzdem Lust auf dich«, und vielleicht die »Technik« zu wechseln. Manchmal lösen sich Probleme bereits, wenn man sie anspricht. Aber ehrlich bleiben! Ein Durchhänger ist kein Drama, es sei denn, man macht eines daraus. Und wer nicht damit umgehen kann, hat bereits eines daraus gemacht.

Manchesmal, etwa wenn man sich noch nicht gut kennt, ist es sicher intelligenter, das Problem zu umgehen, indem man seinen Sex nicht auf die »Spitze« treibt, sondern schlicht und einfach die Praxis wechselt, so daß der Schwanz keine zentrale Rolle mehr spielt. Oft hilft auch, sich vor Augen zu führen, aus welchen Gründen sein Schwanz schlappmachen kann.

In den simpelsten Fällen ist der kleine Versager auf ein Zuviel an Alkohol zurückzuführen. Da genügt es schon, den Alkohol wegzuschlafen und den Sex zu verschieben, bisweilen kehrt um fünf Uhr morgens das Leben in seinen Unterleib zurück. Mitunter ist der Grund, ausgerechnet, ein Zuviel an Gefühl. Dann begreifen Sie sein Versagen als Kompliment. Der Junge will was von Ihnen, und das ist mehr als Sex! Wenn Sie merken, daß Ihr Gegenüber sich liebevoll und intensiv um sie kümmert und »es« trotzdem nicht klappt, lassen Sie sich von ihm verwöhnen.

Taucht das Problem öfter auf, sollte man sich in einer ruhigen Minute darüber unterhalten und gemeinsam überlegen, wie man damit umgehen kann. Ist der Besitzer des schlaffen Gemüses hingegen ein eitler Pfau, der stundenlang nur mit sich selbst beschäftigt ist, dann wird es Zeit, ihm die Flügel zu stutzen. Holen Sie ihn von seinem hohen Roß, zeigen Sie seiner Zunge den Weg zu Ihrer Klitoris. Oder zeigen Sie ihm den Weg zur Tür, je nachdem, was Ihnen in der Situation am ehesten behagt.

Noch ein Wort zu Viagra. Alle vorliegenden Berichte bestätigen, daß das Medikament funktioniert. Aber es ist auch eine Droge mit ernstzunehmenden Nebenwirkungen. Wie alle Drogen beseitigt es nicht die Ursachen, allenfalls die Symptome. Inwieweit Viagra irgendwann selber zu einem Problem werden kann, etwa durch psychische Abhängigkeit, darüber läßt sich zur Zeit nur spekulieren, aber es »riecht« danach. Wenn die kleine blaue Wunderpille allerdings einmal ermöglicht, was vorher nicht ging, und man anschließend die gleichen Resultate auch ohne sie erreicht, wäre mancher Beziehung sicher geholfen. Manchmal aber liegt das Problem tiefer.

Beiß mich, kratz mich, mach mir die Haare!

Das gewisse Extra

Es war Mittag, als das Klingeln des Telefons mich unsanft aus meinen tiefsten Träumen riß. Die Nacht zuvor war erst gegen sieben Uhr morgens mit dem Zuschließen des Nachtclubs zu Ende gegangen, in dem ich seit einem knappen Jahr regelmäßig jeden Donnerstag eine Sexparty veranstaltete. Mein Hobby mußte sich herumgesprochen haben, denn der Mensch am anderen Ende der Leitung rief deswegen an.

»Ich arbeite für die Redaktion ›Vera am Mittag‹«, sagte er in einem Tonfall, in dem eine Prostituierte sich ihren Eltern offenbart. »Wir planen eine Sendung über Fetischismus.«

»Aha«, sagte ich verschlafen und wenig interessiert. »Und was habe ich damit zu tun?«

»Wir brauchen für die Sendung noch dringend einen Fetischisten, aber« – kurze Pause am Ende der Leitung – »aber nicht schon wieder so einen langweiligen Fußfetischisten.«

Ich konnte und wollte dem armen Redakteur nicht helfen, aber er brachte mich auf die interessante Frage, ab welchem Grad Fetischismus heutzutage noch talkshowtauglich ist? Füße? Langweilig! Abgesägte Füße? Vielleicht! Der Trend geht sicherlich zum Zweitfetischismus,

109

zumindest im deutschen Vormittagsprogramm. Dort haben die sogenannten Perversionen Hochkonjunktur, und wer nur auf Blümchensex steht, gilt als Schnarchnase.

Das Ergebnis des medialen Overkills ist Verwirrung. Fetischismus, Sadomasochismus, die Begriffe purzeln nur so durcheinander, und alle glauben, irgendeine Ahnung davon zu haben. Pervers ist schick, genau deshalb löst sich der Begriff des Perversen langsam auf. Denn »pervers« heißt eigentlich »verdreht«, und verdreht kann nur sein, was einen Normalzustand kennt.

Früher galt auch Schwulsein als pervers, heute wagen das nur noch einige wenige an bierseligen Stammtischen zu behaupten. Für uns klingt das Wort suspekt. Wer es benutzt, fragt immer auch nach den Ursachen der Perversion, und letztlich nach seiner Therapierbarkeit – und da sind Schwule gebrannte Kinder.

Überlassen wir also die Ursachenforschung weiterhin den Psychologen, Genetikern und Medizinern, wenn es denn sein muß. Die mageren Ergebnisse ihrer Forschungen sprechen eher dagegen. Auf wenig mehr konnten sie sich einigen als auf ein paar Definitionen und Statistiken.

Natürliche Wahl

Der Sadomasochismus, dieses Spiel mit Dominanz und Unterwerfung, wurzelt im Archaischen. Wer sich unterwirft, sichert sich das Wohlwollen des Sadisten und damit sein eigenes Fortkommen. Das sexuelle Ritual wirkt in den Alltag. Nicht verblüffend ist deshalb, daß viele Masochisten aus ihrer sexuellen Leidenschaft einen Teil ihres Selbstwertgefühls ziehen. »Wenn ich die Schmerzen, die Erniedrigung in SM-Sessions lustvoll ertrage, was kann mir mein Chef dann noch anhaben? Darüber lach ich doch«, sagt der vierunddreißigjährige Michael, der seit seinem achtzehnten Lebensjahr masochistische Neigungen auslebt.

Die alte Mär, daß besonders erfolgreiche Männer sich als Ausgleich zu Hause von einer Domina auspeitschen lassen, wird sich in der SM-Welt nur schwer bestätigen lassen. Sicher findet man sie, die masochistischen Minister und Bankdirektoren; über sie wird halt mehr geredet als über unterwürfige Schuhverkäufer. Masochismus zieht sich quer durch alle Bevölkerungsschichten.

Männer, Frauen und die Rollen

Sexualwissenschaftler haben festgestellt, daß wesentlich mehr Männer auf Sadomasochismus stehen als Frauen, genauer gesagt zum Masochismus neigen. Aber die Zahlen sind zweifelhaft. Im Grunde steckt, bis zu einem gewissen Grade, wahrscheinlich beides in uns allen. SM-Praktiker wissen, daß »gute« Sadisten immer auch die andere Seite kennen, viele von ihnen waren ursprünglich Masochisten. Der pure Sadist ist ebenso selten wie der reine Masochist, der sich sein Leben nur als Sklave vorstellen kann. Bei vielen Sadomasochisten ändert sich die Rolle im Laufe ihres Lebens, weg von der Unterwerfung, hin zur Dominanz. Frauen verzichten wohl eher auf das Ausleben ihrer »perversen« Wünsche, was den Überschuß an männlichen Masos in der SM-Welt erklären würde. Der ist allerdings nicht zu übersehen.

Zwei Namenspatrone

1886 veröffentlichte der Wiener Psychiater Richard Frei-
herr von Krafft-Ebing sein bahnbrechendes Werk ›psy-
chopathia sexualis‹, in dem er als erster Wissenschaftler
die zahlreichen sexuellen Seitenpfade menschlich-männ-
licher Sexualität klassifizierte und benannte. Die Lust auf
Beherrschung heißt seit Krafft-Ebing »Sadismus«, die
Lust am Unterdrücktwerden »Masochismus«. Beide Begriffe gehen, wie anders, auf Männer zurück.

Der eine, Donatien-Alphonse-François de Sade, besser bekannt als Marquis de Sade (1740 bis 1814), lebte
ein skandalumwittertes Leben der sexuellen Libertinage
und verbrachte insgesamt siebenundzwanzig Jahre im
Gefängnis, vor allem wegen Unzuchtsdelikten. In seinen
bekannten Romanen ›Justine‹ und ›Die 120 Tage von
Sodom‹, erst 1904 entdeckt, schildert er die Lust an sexueller Unterdrückung, eine Neigung, die er selbst hemmungslos auslebte.

Der andere hingegen, ein österreichischer Romancier
des 19. Jahrhunderts, Leopold Ritter von Sacher-Masoch, lieferte sich – sogar schriftlich in Verträgen festge-
halten – völlig dem Willen dominanter Frauen aus, besonders seiner späteren Gattin Wanda von Rümelin. Ihr
setzte Sacher-Masoch in seinem Roman ›Venus im Pelz‹
ein Denkmal. Der Roman, der starke autobiographische
Züge trägt, beschreibt das leidenschaftliche Verhältnis
zwischen Severin und Wanda.

Was treibt der Sadomasochist?

Sacher-Masochs Wunsch verrät einiges über die Denk-
weise eines Masochisten. Er wollte geschlagen werden,
und das kommt dem Klischee schon recht nahe. Aber
nicht als Bestrafung erbat der Rittersmann die Peitsche.
Belohnung sollte sie sein, Zuckerbrot für sein artiges
Sich-Unterwerfen. Wer, bitte, versteht das? Masochisten
blendend. Sie wollen sich ausliefern, ziehen ihr Glück allein aus der Befriedigung ihres sadistischen Gegenübers.
SM ist keine Sammlung von Folterverfahren, vielmehr
ein Spiel mit der Allmachtsphantasie. Sie wissen schon,
die beiden entscheidenden Vokabeln.

Die Grundlage für das sadomasochistische Spiel
zweier Menschen heißt Vertrauen. Wer sich in die Abhängigkeit eines anderen begibt, möchte wissen, ob er
heil wieder herauskommt. Darum gelten in der SM-Szene
strenge Verhaltensregeln. Beide Partner vereinbaren ein
Wort oder ein Zeichen, das dem Sadisten signalisiert:
»Stop! Das geht zu weit, mehr halte ich nicht aus!« Ihre
Sexualität zwingt sie dazu, Vertrauen aufzubauen, und
das geht am ehesten in einer Beziehung. Die Fernsehbil-
der von Sado-Maso-Parties verzerren die Wirklichkeit,
wilde Orgien unter Fremden sind eher die Ausnahme.
SM-Praktiker bevorzugen ein festes Verhältnis.

SM light für den Hausgebrauch

Als Sadomasochisten bezeichnen sich nur wenige Männer, fast jeder aber hat früher oder später einmal Spaß
daran, eine Sexualpraktik auszuprobieren, die er für sadomasochistisch hält: ein bißchen fesseln oder gefesselt wer-

den, ein paar Schläge auf den Hintern, ein demütiger Kuß auf die Fußsohlen. Das Wichtigste dabei ist, nicht in Lachen auszubrechen, wenn Herbert demütig vor Ihren Pumps herumrutscht. Wahren Sie die Contenance!

Andererseits dürfen Sie auch nicht vortäuschen, daß Ihnen die SM-Nummer den allergrößten Spaß bereitet, wenn dem nicht so ist. Wenn er spürt, daß die Lust darauf nur von ihm ausgeht, wird er sich von selbst zurückhalten. Verlangt er aber, gefesselt oder geschlagen zu werden, dann prüfen Sie genau, ob das Vertrauensverhältnis zwischen Ihnen solche Spiele erlaubt. Gibt es auch nur die geringsten Zweifel, daß dem selbsternannten Herrn die Zügel entgleiten, so lehnen Sie ab und sagen ihm, warum Sie nicht mitspielen wollen.

Chicks with dicks

Maso-Männer, auch heterosexuelle, haben wesentlich weniger Probleme als andere, ihren Hintern als Liebesorgan zu begreifen. Viele genießen sogar das Spiel mit ihm als besondere Variante der Unterwerfung. Die Sexindustrie hat längst auf diesen Trend reagiert und bietet Dildos zum Umschnallen an. Mit ihnen wird der Rollentausch perfekt, nun können auch Sie ihn nach Herzenslust vögeln.

In Amerika werden längst Kurse für »chicks with dicks« angeboten, für Frauen mit (künstlichen) Schwänzen, in denen sie unter fachlicher Anleitung lernen, wie man am leidenschaftlichsten Männer vögelt. Die Kurse sind ausgebucht! Als Einführung empfehle ich Ihnen, den Teil über anale Freuden noch einmal zu lesen und sich dieses Mal gedanklich in die andere Rolle zu begeben.

Heiß und kalt

Ein Spiel, das ebenso aus dem SM-Umfeld stammt, ohne wirklich sadomasochistisch zu sein, ist das mit heißen und kalten Sensationen. Zwei schweißnasse Körper (ich höre Sie schon einwenden, daß ich selber es war, der sagte: vorher keinen Schweiß, nachher immer ...) entwickeln eine ganz eigene feuchte Dynamik, die die Lust überfließen läßt: glänzende, glitschige Körper, die wie von selbst ineinanderfließen. Mit verbundenen Augen zu spüren, wie heiße und kalte Schauer über den Körper jagen, ist eine erregende, hocherotische Erfahrung der besonderen Art. Bereits unter der Dusche können Sie diese Variante körperlicher Sensation durchspielen, vielleicht als Eröffnungszug.

Haben Sie sich auf dieses Spiel vorbereitet, ist der Ort, an dem Sie wollen, was Sie wollen, schon lange von Kerzen umgeben. Ich persönlich schlage eine Einladung zu einem ungewöhnlichen Candle-light-Dinner vor. Breiten Sie in der Küche, Ihrem Wohn- oder Schlafzimmer, da wo Platz und Atmosphäre ist, eine oder mehrere weiche Decken auf dem Boden aus. Veranstalten Sie ein Picknick. Bereiten Sie eine leichte Speise vor, stellen Sie den Sekt in einem mit Eiswürfeln gefüllten Kübel kalt, lassen Sie die richtige Musik laufen.

Neben den Kerzen in Rot, Gelb und Grün liegen ein paar weiße Haushaltskerzen. Der Wachs einfacher Haushaltskerzen tut nicht wirklich weh, besonders wenn man die Stellen, auf die man es tropfen läßt, vorher mit Eiswürfeln gekühlt hat. Schmerzhaft ist bei der Prozedur nur das Lösen des erkalteten Wachses, wenn sich ein paar Härchen eingeschlossen haben. Aber das Gefühl kennen Sie vielleicht schon von Ihrer letzten Enthaarung.

Der Rest kommt auf Sie und Ihren Partner an. Wie Sie ihm näherkommen können, wissen Sie längst (meist finden diese Spiele ja nicht mit Unbekannten statt, da eine gehörige Portion Vertrauen dazugehört), die Einzelheiten aber müssen Sie inszenieren. Sie haben ein Thema für den Dirty-talk davor, und er ist ebenso wie Sie eingeweiht und vorbereitet. Oder Sie überraschen ihn.

Denken Sie daran, daß das Ganze ein Spiel ist, ein Spiel mit ihrem Partner. Gerade auf ihn und seine Spielfähigkeit und -lust kommt es an. Sie haben es »in der Hand« und müssen Ihren Partner, wenn es um speziellere und ausgefallenere Wünsche geht, führen. Niemand, auch Ihr Traummann nicht, der doch sonst fast alles kann, vermag Gedanken zu lesen. Und die Eiswürfel haben Sie ja bereitgelegt ...

Fetischismus

Bei vielen Sadomasochisten tritt zur Leidenschaft ein mehr oder minder ausgeprägter Fetischismus, der sich meist auf die Kleidung bezieht, am häufigsten schwarzes Leder. Wer auf eine bestimmte Phantasie abfährt, sich eine eigene SM-Welt schafft, wird auch in seiner Kleidung versuchen, dieser Phantasie nahezukommen. Das ähnelt Theaterspielen. Noch heute verfügt jede gehobene Domina über einen Pelzmantel – und mindestens einen älteren Kunden in ihrer Adreßdatei, dessen Wunsch es ist, daß sie ihn zum Liebesspiel trägt.

Hätte Ritter von Sacher-Masoch sein Buch in unseren Tagen geschrieben, es hieße wahrscheinlich ›Venus in Latex‹. Kleiderfetische sind immer auch Ausdruck des Zeitgeistes. Im strengen Sinne sind sie nicht einmal wirkliche

Fetische, denn der ältere Domina-Kunde verschafft sich durch den Pelz zwar einen Lustgewinn, kann aber auf die Venus, die in ihm steckt, nicht ganz verzichten. Genau das aber zeichnet den klassischen Fetischisten aus. Er braucht zur Triebabfuhr nur noch den Stöckelschuh, zumindest im Falle des eingangs erwähnten Fußfetischisten. Wessen Füße darin stecken, hat für ihn keine Bedeutung.

Psychologen sprechen bei diesen Hardcore-Fetischisten von einer zwanghaften Verlagerung ihrer Lust auf ein Objekt. Mit solch einem Mann ein Verhältnis aufzubauen wird schwierig. Überlassen Sie ihm am besten ein Paar Ihrer Stöckel, und suchen Sie sich schleunigst einen anderen!

DWT, 32/180/73, sucht tolerante Sie

Falls Sie Ihre Stöckelschuhe behalten haben: Nicht wenige Männer schlüpfen in einem unbeobachteten Moment gerne selber hinein. Dazu ein Minirock aus schwarzem Stretch, ein paar Brustpolster für den Büstenhalter, die Rothaarperücke aufgesetzt, und fertig ist der Cross-Dresser. Der *was*, bitte schön? Schon wieder so ein Modewort aus Amerika! Den deutschen Begriff kennt jeder, der einmal Kontaktanzeigen studiert hat: Damenwäscheträger, abgekürzt DWT.

In einer Studie aus den USA bekannten sich sechs Prozent aller Männer zu diesem Fetisch, eine überraschend hohe Zahl. Noch verblüffender aber ist, daß neunzig Prozent dieser Männer heterosexuell orientiert sind. Nur jeder zehnte in Frauenkleidern ist schwul, nur jeder hundertste sehnt sich nach einer Geschlechtsumwandlung. Die schrillen Transvestiten der Homowelt, die Tunten, versperren den Blick auf eine gesellschaftliche Realität, die völlig anders aussieht.

In einer Kölner Dreizimmerwohnung leben Laura und Karl, der sich in Damenwäsche Leyla nennt. Leylas Lieblingsoutfit ist eine Dienstmädchenuniform, in der er einmal wöchentlich die ganze Wohnung putzt. Laura steht derweil mit strenger Miene hinter ihm und überprüft mit gerecktem Zeigefinger die Staubreste auf der Wohnzimmerschrankwand. Das macht Leyla mächtig an. Ihre gemeinsamen Höhepunkte aber sind die Sonntage, an denen beide im Ausgehkostüm in der Nachbarschaft spazierengehen. Beide genießen die Blicke, die sie, Arm in Arm, auf sich ziehen. Von diesen Momenten zehrt auch ihr Liebesleben, das häufig, aber nicht immer in Damenwäsche stattfindet.

Kennengelernt haben sich beide über eine Kontaktanzeige in einem Fetischmagazin. Für Karl ging mit Laura eine jahrelange Leidenszeit zu Ende, eine Zeit ohne Liebe und ohne Sexualität. Denn eines ist klar: Wenn Sie mit dem Damenwäschefetisch Ihres Mannes nichts anfangen können, wird es sehr, sehr schwer.

Falls der Gedanke an einen Mann in Stilettos aber etwas Verruchtes und Antörnendes für Sie hat, sollten Sie alles daransetzen, einen solchen Mann zu finden, am aussichtsreichsten über Kleinanzeigen. Wer immer Ihnen dabei unterkommt: Sie können sehr sicher sein, daß es ein liebender und verständnisvoller Mann sein wird, denn er hat sein Coming-out hinter sich. Und ob Strapse oder nicht – er ist immer noch ein Mann!

Androgynität

Bei manchen Männern treten die weiblichen Seiten offen zutage. Hier verschwimmen die Geschlechterrollen, und es wird deutlich, daß Begriffe wie »Mann« und »Frau« letztlich nichts weiter sind als Konzepte, Ideen, die in Reinform selten anzutreffen sind. Doch in einer Gesellschaft, die für Androgynität kaum Platz läßt, trauen sich nur wenige, die Geschlechtergrenzen konsequent zu überschreiten.

Meine Freundin Astrid liebt solch einen Mann. Jan verbringt Stunden in der Badewanne und rasiert sich die Beinhaare. Als Frau ist er hübsch, mit langen blonden Haare und einem grazilen, fast elfenhaften Körperbau, und als Mann im Bett eine tolle Nummer, wie Astrid mir immer wieder bestätigt. Sich auf weibliche Sexualität einzulassen, das mußte Jan nicht erst lernen, das hatte er im Blut.

Trotz des Drucks der sogenannten Freunde, die sich mit ihrem Spott nicht zurückhielten, hält ihre Liebe bis heute. Ich kenne kein heterosexuelles Verhältnis, das harmonischer wäre als das der beiden. Aber ist es wirklich hetero, also gegengeschlechtlich? Im körperlichen Sinne ja, im seelischen haben zwei Frauen zueinandergefunden. Im ganzen gesehen besitzt ihr Liebesverhältnis eine Qualität, die mit unserem begrenzten Wortschatz nur schwer zu beschreiben ist. Doch, ein Wort fällt mir ein: menschlich!

Sexi-Exhi

Wir sind uns sicher einig, daß Exhibitionisten und Voyeure, die ohne das Einverständnis der jeweils Betroffenen agieren, zwar vergleichsweise harmlos sind, aber trotzdem nicht ganz richtig »ticken«. Voyeurismus ist eigentlich nicht mehr als die Lust, hinzuschauen, und Exhibitionismus die, sich zu zeigen. Beides kann unglaublichen Spaß hervorzaubern.

Ziehen Sie sich manchmal aus und befriedigen sich selbst, während Ihr Mann zuschaut? Oder haben Sie ihn schon gefragt, ob er Lust hat, Ihre voyeuristischen Triebe zu erfüllen? Tanja und Mike, ein Pärchen aus Berlin, lieben den Thrill, es an halböffentlichen Plätzen miteinander zu treiben. Der Quickie auf der Restauranttoilette gehört ebenso zu ihrem Repertoire wie das Schäferstündchen im Park. Manche Grünanlagen sind in lauen Sommernächten von sexhungrigen schwulen Männern regelrecht überlaufen. Eigentlich spricht nichts dagegen, so man das Abenteuer und vielleicht ein paar ungebetene Zuschauer nicht scheut, auf einer Wiese der nächtlichen Lust zu frönen. Bei der Auswahl der Orte sind der Phantasie keine Grenzen gesetzt (außer vielleicht gesetzliche).

Scharf auf Video

Ah, die berühmte Pornokassette zum Selbsteinlegen, oder? Sorry, aber beim Sex auf den Fernseher zu starren, fand ich noch nie besonders antörnend. Wenn Sie schon als Pärchen Pornos schauen wollen, gehen Sie lieber in ein schönes altmodisches Pornokino. Aber die Geschmäcker sind ja verschieden.

Ich möchte Ihnen einen anderen Vorschlag machen: Nutzen Sie doch Ihren Camcorder, und drehen Sie zu Hause Ihren eigenen Porno! Selbermachen ist netter als zuzuschauen. Aus dem Abendessen wird plötzlich eine frivole Drehbuchbesprechung, gemeinsam legt man Gänge und Einstellungen fest, und während der Hardcoreszenen muß eben das Stativ den Kameramann ersetzen. Wetten, daß Sie noch nie solchen Sex hatten: in drei verschiedenen Einstellungen – Weitwinkel, mittlere und Close-up – und aus verschiedenen Winkeln natürlich.

Vergessen Sie nicht, daß die wirklichen Pornodarsteller nach dem echten Orgasmus in einer Nahaufnahme ihres Gesichts den Höhepunkt nochmals lustvoll nachstellen. Tun Sie es auch – und Sie werden anschließend vor Lachen brüllen! Was bei den Profis harte Arbeit ist, wird in Ihrer Wohnung zum Spaß. Lust bereitet die Darstellung vor der Kamera, dieses Gefühl, beobachtet zu werden, wesentlich mehr als das Produkt selber, das vermutlich eher komödiantischen Charakter hat. Viel Spaß also im doppelten Sinne.

Die Zukunft war gestern noch bunt

Was ist über Cybersex und die Zukunft nicht schon alles geschrieben worden! Seit zwei Jahren lebe ich in San Francisco, der Hauptstadt der Internet-Bewegung, so es denn eine gibt, und bin umgeben von Menschen, die morgens um neun Uhr online gehen und abends um zehn Uhr off. Dazwischen verbringen einige, wenn die Arbeit es erlaubt, bis zu acht Stunden pro Tag in irgendwelchen Chaträumen.

Ihr Sex ist davon nicht mehr und nicht besser geworden. Aber die Bars der Stadt leerer. Auszugehen war in der Stadt der Hippies noch nie so öde wie heute, und kaum jemand bestreitet den Zusammenhang mit der hohen Online-Dichte. Manchem User würde ich mittlerweile zu einer Suchttherapie raten. Sie merken schon, mein Enthusiasmus in bezug auf die schöne neue Cyberwelt ist, zumindest, was Sex betrifft, ziemlich verflogen. Wer es richtig macht, kann sich aus dem Netz einen Sexpartner für die Nacht ziehen, ohne das Haus zu verlassen, muß aber bei dem, was dann leibhaftig auf ihn zukommt, auf Überraschungen gefaßt sein. Foto und Realität stimmen meist nur in Glücksfällen überein.

Richtig machen heißt, die Möglichkeiten des neuen Mediums eben *nicht* auszunutzen, sich nicht zu verstellen, sein Aussehen nicht zu schönen, sondern man selbst zu bleiben, ehrlich zu sein, den Cyberdraht als Kontaktanbahnung, nicht als Kontaktersatz zu begreifen. Das Internet, wie alle seine Vorgänger in der Telekommunikation, potenziert Geschwätz und damit auch Lügen. Und, bitte schön, was für eine kranke Sicht auf das menschliche Miteinander ist es eigentlich, als grandiose Neuerung zu feiern, daß wir uns nun alle mit irgendwelchen erfundenen Identitäten gegenseitig ins Bockshorn jagen können? Den Tausenden lästiger kommerzieller Sexofferten zu entgehen ist schwer genug. So wenig Sinn hat Ihnen noch nie jemand so teuer zu verkaufen versucht! Gestern sah die Zukunft spannender aus als heute. Natürlich bietet das Internet neue Möglichkeiten der Kommunikation, so wie vor hundert Jahren das Telefon, aber es ersetzt nichts. Testen Sie es ruhig!

Immer Nummer Sicher!

Mit siebzehn hatte ich Filzläuse. Meine gesamte Familie verfiel in Panik, und daß Vater nicht das Haus in Flammen setzte und mit Sack und Pack ins nächste Bundesland zog, war nur knapp zu verhindern. Mutter weinte und befürchtete: »Wenn du so weitermachst, hast du mit achtzehn Tripper.« Es waren tragische Tage, bis mir ein Freund aus der Apotheke ein entsprechendes Mittel mitbrachte. Das half, und die Angelegenheit war wenn nicht vergessen, so doch erledigt. Ich muß gestehen, es waren nicht meine letzten Läuse. Wer verschiedene Sexualpartner hat, muß damit leben, sich etwas einzufangen.

Seit nunmehr achtzehn Jahren ist Aids eine Realität. Damit sieht die Sache anders aus, das sollte man sich nicht einfangen. Die beste Nachricht über Aids lautet: So leicht kriegt man es nicht. In den Anfangstagen hüllten sich schwule Männer vor lauter Angst von Kopf bis Fuß in Klarsichtfolie, bevor sie miteinander ins Bett stiegen. Heute gibt es zum Schutz vor Aids zwei goldene Regeln. Erstens: »Keine Penetration ohne Kondom!« Zweitens: »Blasen okay, raus, bevor's kommt!«

Mit diesen Regeln läßt sich leben, hundertprozentigen Schutz aber bieten sie nicht. Denn Kondome können platzen und Männer zu schnell kommen. Wollen Sie sichergehen, legen Sie auch beim Oralverkehr ein Gummi um. Bekanntlich existieren sie ja in allen Geschmacksrichtungen, auch wenn ich persönlich weder von Erdbeeren noch Pfefferminze wirklich geil werde. Meine Empfehlung zum Oralverkehr sind trockene Kondome ohne jeden Schnickschnack. Sie sind mit oder ohne Reservoir erhältlich; die mit sind sicherer, aber auch schwieriger in der Handhabung.

Mit den beiden erwähnten Regeln schützen Sie sich nicht unbedingt vor anderen, in der Regel allerdings behandelbaren Krankheiten, etwa Tripper oder Syphilis. Wer sexuell aktiv durchs Leben schreitet, darf keine falsche Scham vor Ärzten haben, aber da muß ich Ihnen als Mann sicher nichts erzählen. Und bitte versuchen Sie nicht, aus der äußeren Erscheinung Ihres Gegenübers auf seinen Gesundheitszustand zu schließen. Auf diese Weise haben sich schon viele angesteckt!

Gescheiter ist es, sich des persönlichen Risikos bewußt zu sein und eine Entscheidung für Ihr Leben zu treffen, inwieweit Sie sich darauf einlassen wollen oder können. Vor Filzläusen (die eigentlich nicht das große Problem darstellen) schützt allein Monogamie und, weil auch die bei zwei Beteiligten Anfechtungen unterliegt, letztlich wahrscheinlich nur das Zölibat. Vor Aids schützen im großen und ganzen die beiden goldenen Regeln, darunter sollten Sie nicht gehen!

Wenn Sie es trotzdem tun, ist das eine Sache des Vertrauens zwischen zwei Menschen. In meiner sexuellen Laufbahn habe ich zwei Menschen dieses Vertrauen geschenkt, nachdem wir beide uns testen ließen, wohlgemerkt. Eine Empfehlung auch an alle Heteropaare, why not? Es tut nicht weh und bringt ein wenig mehr Bewußtheit in die Sexualität, zumal Sex ohne Sicherheit manchen als Salz in der Suppe erscheint. Gewißheit gibt es in einer Beziehung nur, wenn sich beide haben testen lassen und Sie davon überzeugt sind, daß Ihr Partner verantwortlich mit seiner Sexualität und also auch mit Ihnen umgeht. Sonst gilt strikt: Kein Sex ohne Kondom, der versalzt jedes Essen nachhaltig. Tun Sie es nicht, sich selbst zuliebe.

Anziehtips und Auslegware

Vielleicht haben Sie ja längst erkannt, wie wichtig ein paar Sicherheitsregeln für Ihr Sexualleben sind. Dann freuen Sie sich. Zum Safer Sex aber gehören immer zwei. Und leider, leider sind es allzuoft gerade die promisken heterosexuellen Männer, die glauben, durch göttliche Gnade vor Geschlechtskrankheiten gefeit zu sein.

Was Sie tun können, um Ihren Sexualpartnern den Einstieg in sichereren Sex zu erleichtern, ist ein offener Umgang damit. Christina zum Beispiel hat einen wunderschönen, alten Porzellanfisch zur Kondomschale umfunktioniert und auf ihrem Nachttisch plaziert, gut sichtbar und stets mit unterschiedlichen Kondomen gefüllt. Schwule Männer hängen sich nicht selten ein Poster der Aids-Hilfe ins Schlafzimmer, zumal viele der Motive durchaus erotisch sind. Bieten Sie Safer Sex als das an, was Sozialarbeiter ein »niedrigschwelliges Angebot« nennen, machen Sie Lust darauf!

Das bedeutet auch, zu lernen, wie man das Benutzen von Kondomen in sein Liebesspiel integriert. Guter Sex ist eine Performance, die keine Unterbrechung duldet, es sei denn, die Pause ist ein kunstvoll gesetzter Teil der Inszenierung. Entweder rutscht das Kondom so sanft und schnell über sein Glied, daß es gar nicht weiter auffällt, oder Sie machen das Überziehen zu einem eigenen Akt des sexuellen Dramas.

Wenn Ihr Mann ein gewiefter Kondom-User ist, wird er selbst ein paar Kniffe kennen, das Ding überzuziehen. Wenn nicht, hier zwei Vorschläge: Sie bugsieren den Herrn in eine Rückenposition, setzen sich auf seine Oberschenkel und stecken seine beiden Hände unter seinen Po, machen ihn also für einen Moment bewegungsunfähig.

Das Gummi haben Sie bereits eine kleine Weile in der Hand, oder Sie greifen erst jetzt in die Schale. Das Öffnen der Packung, das Ansetzen des Kondoms an seiner Penisspitze und das langsame Abrollen gestalten Sie als mittleren Showakt, etwa so, als würde David Copperfield gleich Claudia Schiffer zersägen. Das setzt natürlich voraus, daß Sie die Nummer vorher geübt haben. Und dann der Höhepunkt: Sitzt das Kondom, setzen Sie sich auf seinen Penis und führen ihn sanft in sich ein …

Vorschlag Nummer zwei ist etwas diskreter und eher für Fortgeschrittene. Mit oder ohne sein Wissen haben Sie bereits ein Kondom aus der Packung genommen und in Ihrer Hand versteckt. Ist die Gelegenheit für Fellatio gekommen (und die müssen Sie lediglich anbieten, ich habe noch von keinem Mann gehört, der das Angebot abgelehnt hätte), stecken Sie das Gummi in Ihren Mund, vor Ihre Zähne und so herum, daß Sie es bei der ersten Landung über seinem erigierten Penis abrollen können. Viele Prostituierte behelfen sich mit diesem Trick (was ihn nicht schlechter macht) und schwören darauf, die meisten Männer würden nicht einmal merken, daß ihnen gerade einer übergezogen wird. Auch bei der zweiten Variante gilt, daß Übung die Meisterin macht. Aber wofür gibt es denn Gurken, Karotten und das ganze Gemüse?

Von hinten und von vorn

Einführung in den leidenschaftlichen Sex

Männer in Reinkultur

Sexmagazine im Fernsehen, Ratgeberseiten in Männer-
journalen, Frauen, die sich nicht länger mit Männern auf-
halten wollen, die sich nicht entwickeln – all das hat in
den letzten Jahren etwas bewegt. Männer sind lernfähig,
wenn sie etwas wirklich wollen. Hatten Sie daran wirklich Zweifel?

Ich werde in diesem Kapitel einen Teufel tun und Ihnen
erklären, wie Vaginalverkehr funktioniert, davon habe
ich wirklich keine Ahnung. Und Bücher über Stellungen
sind Legion. Damit ist das Thema abgehakt!? Nun ja,
nicht ganz. Manche Ratgeber tun nämlich so, als gäbe es
eine DIN-Norm für das männliche Glied, und je akro-
batischer die Stellung, desto lustvoller der Sex. Beides
ist natürlich grundfalsch. Welche Stellung tatsächlich
lustvoll für beide ist, hängt zum Beispiel auch von der
Beschaffenheit seines Penis ab. Und Sex in der vielge-
schmähten Missionarsstellung kann Spaß machen, da
sich beide Partner, einander zugewandt, tief in die Augen
schauen können. Vielleicht ist es gar die romantischste
Stellung, also nichts gegen Missionare.

Viel wichtiger als die verschiedenen Stellungen aber ist
es, dem Partner zu signalisieren, welche Lust und Spaß
machen. Dafür müssen Sie natürlich ein paar ausprobie-

ren und vor allem darüber reden. Vergessen Sie auf keinen Fall zu spielen. Guter Sex ist immer eine Performance, ein Spiel, in der ein kleines Stöhnen an der richtigen Stelle sowohl Ihnen hilft, Ihre Emotionen herauszulassen, als auch ihm vermittelt, wo es weitergeht.

Auch ein Griff an seine Hinterbacken, verbunden mit einem leichten Heranziehen, signalisiert: So ist es gut, weiter so! Verstärkt sich das positive Gefühl, tauchen Sie ganz darin ein, entspannen Sie all Ihre Muskeln, und lassen Sie sich gehen. Diese Sprache versteht jeder! Denn tief in ihrem Herzen sind doch (fast?) alle Männer »Rammler«, und wenn wir in dieser Königsdisziplin der männlichen Sexualität hörbaren, fühlbaren und sichtbaren Erfolg haben, erfüllt uns das mit Stolz und Lust. Und es spornt uns an.

Ein Glied in der Kette

Leider gilt für ein paar Stellungen das Prinzip der ungleich verteilten Lust. Anders ausgedrückt: Manche Stellungen, die dem aktiven Partner Spaß bereiten, machen den passiven weniger an, oder umgekehrt. Viele Männer genießen den Sex, bei dem sie hinter ihrer Partnerin knien, diese am ganzen Körper anfassen und streicheln, das Objekt ihrer Begierde hemmungslos anschauen und sich dabei frei bewegen können. Haben Sie Schwierigkeiten mit seinem zu großen Glied, dann lassen Sie Ihren Partner mit halbgeöffneten Schenkeln auf Bett oder Boden hocken und setzen sich weitgespreizt auf seinen Schoß. So kontrollieren Sie besser, wie tief er in Sie eindringt.

Auf dem Rücken zu liegen und die Partnerin auf sich reiten zu lassen, geht bei manchen Männern mit der

Angst vor einer Penisverletzung einher. Wenn Sie Spaß daran haben, ihn zu reiten, so hilft ein Griff an seine Schwanzwurzel, um ihm das Gefühl von Sicherheit zu bieten, daß im Eifer des Gefechts nichts »bricht«.

Jeder Mann und jeder Penis ist anders. Was dem einen Höhepunkte der Lust verschafft, läßt den anderen kalt und schrumpelig. Männer mit kleinen Schwänzen haben bei Stellungen Schwierigkeiten, in denen sie knien oder hocken. In dieser Position ist es nicht einfach für sie, ihr Glied einzuführen und drinzubehalten. Ihnen machen Positionen Spaß, in denen sie stehen beziehungsweise den Rücken frei haben und ihr Kreuz durchdrücken können.

Das einzige, was sich zu den diversen Stellungen tatsächlich empfehlen läßt, wenn man nicht eine anpreisen will, ist gegenseitge Rücksichtnahme. Gehört Ihr Mann zu denen, die über Sex nicht reden, so reden Sie darüber. Denn Schmerz gehört nicht zum Liebesspiel, wenn er nicht ausdrücklich gewünscht wird, das versteht sich wohl von selbst.

Um ihn behutsam auf Ihre Bedürfnisse aufmerksam zu machen, können Sie klassisch vorgehen: Umfassen Sie seinen Hintern und dirigieren Sie ihn sanft, aber energisch. Bestimmen Sie so Tiefe und Tempo seiner »Liebesmühe«. Begleiten Sie jede besonders wohltuende Bewegung seinerseits mit einem aufmunternden Atmer oder Stöhner. Auch ein im Rhythmus mitgehauchtes »!« kann Wunder bewirken. Stöhnen Sie schneller, und auch Ihr Mann wird seinen Rhythmus steigern. Sex ist eine Form der Kommunikation und besteht dementsprechend aus »Rede« und »Gegenrede«, läßt sich also durchaus durch Zustimmung und Widerspruch lenken. Einen Mann zu kraftvollerem Sex zu animieren heißt zumeist nicht, gegen seine Natur zu arbeiten, sondern sie herauszukitzeln.

Wer ist hier der Boß?

Klappt es im Bett, und das ist eine Voraussetzung, dann genießen Männer auch den Rollentausch. Aus dem knallharten »Rammler« wird unter Ihrer Führung der willenlose Vollstrecker Ihrer Lust. »Bossy bottom«, ein Passiver mit Chefallüren, so nennen die Schwulen in Amerika dieses Phänomen. »Bossy bottoms« suchen die Aktion, drücken sich mit ihrem Hintern gegen seinen Penis, bestimmen den Takt. Dabei geht es häufig lautstark und wortgewaltig zu.

Haben Sie Spaß daran, dann probieren Sie mal den »bossy bottom«. Setzen Sie sich auf ihn, geben Sie den Ton an! Dominieren Sie Ihren Mann mit Ihrer Vagina. Hauptsache, es bereitet Ihnen Vergnügen, er wird es höchstwahrscheinlich voller Dankbarkeit genießen. Und sollte er Angst haben, es könne etwas »brechen«, achten Sie darauf – wobei die Berichte über gebrochene männliche Genitalien eher spärlich gestreut sind. Nehmen Sie Rücksicht, aber lassen Sie es ihn nicht merken, Sie sind der Boß im Ring.

Alle Stellungen, in denen Sie den Takt bestimmen können, eignen sich für »bossy bottom«-Spiele: auf ihm reiten, Doggy-style, Sitzpositionen. Die Missionarsstellung hingegen macht es Ihnen schwerer. Drücken Sie seinen Kopf mit sanfter Gewalt nach unten, zu ihrer Vagina. Lassen Sie ihn nicht wieder hochkommen, bevor seine Zunge Ihnen einen Orgasmus beschert hat.

Beim »bossy bottom« ist »dirty talking« durchaus erlaubt, denn es ist im Grunde ein Rollenspiel. Ich kann mir Situationen vorstellen, in denen ich mein »eigentlich mag ich es nicht« vergesse und sogar den Dirty-talk im Bett geil finde – aber nach wie vor nicht mit Schwaben und

Westfalen! Also keine Angst vor dem Imperativ: »Mach's mir, los, ich will dich richtig spüren!«

Anale Freuden

Wenn Pornos ein Spiegelbild männlicher Sexualbedürfnisse sind, und dafür spricht das viele Geld, das mit ihnen verdient wird, dann sind mehr Männer an Analverkehr interessiert, als man annehmen möchte. Kein Heteroporno kommt heute ohne eine solche Szene aus. Auf die Gründe dafür möchte ich gar nicht eingehen. Sie ahnen wohl schon, daß ich Ihnen raten will, es einmal zu testen. Wenn es nicht schon lange passiert ist.

Die Barriere zur analen Freude heißt Schließmuskel. Ein sanftes Drücken lockert und hilft beim Eindringen. Wenn Sie es nicht glauben, probieren Sie es aus. Halten Sie einen Finger an die Analöffnung und drücken Sie sanft. Sesam öffne dich, Sie werden es merken!

Daß leichtes Pressen den Schließmuskel öffnet und einem Schwanz hineinhilft, obwohl die Preßbewegung nach außen geht, erscheint Anal-Spezialisten logisch. Anfängerinnen sind immer erst mal überrascht. Wer analen Verkehr ausprobieren möchte, darf nicht an Gleitmittel sparen. Wenn Sie mit einem festen Partner auf Kondome verzichten, benutzen Sie Vaseline oder greifen zu handelsüblichen wasserlöslichen Mitteln. Wichtiger aber ist sicher, sich (spätestens) am Abend vorher eine halbe Stunde mit geöffneten Beinen vor den Kosmetikspiegel zu setzen und Ihr eigenes Hinterteil wirklich kennenzulernen.

Das dritte Problem heißt »Tempo«. Das Ganze will langsam angegangen werden, millimeterweise muß er sich vorarbeiten. Wenn Sie Schmerzen verspüren, darf er nicht erschrecken und sein Glied plötzlich herausziehen, sondern nur so langsam, wie er eingedrungen ist, damit Sie nicht verkrampfen. Ist der Penis eingeführt, gönnen Sie sich einen Moment der Ruhe, lernen Sie, das Gefühl zu genießen. Je entspannter Sie sind, um so entspannter ist auch Ihr Schließmuskel. Erst dann kann man allmählich beginnen, sich zu bewegen. Vertrauen ist die Mutter der Analkiste. Am weitesten kommen Sie mit Entspannung; wenn Sie die nicht erreichen, dann sollte es nicht sein.

Der Rat des Götz von Berlichingen

Eine der schönsten Formen, sich auf den Analverkehr vorzubereiten, aber durchaus auch eine für sich selbst stehende Sexualpraktik ist die Kombination von analen und oralen Freuden. Drastisch formuliert: das Arschlecken. Ups …

Welch ein Mittel zum Zweck ist hier die Zunge! Warm und feucht findet sie ihren Weg hinab und führt zu kribbelnden Sensationen der besonderen Art. Während es den meisten Männern aber seltsamerweise fast egal scheint, wo sie gerade ihren Penis versenken, scheuen viele vor dem Gebrauch ihrer Zunge im Analbereich zurück. Nicht weil sie es nicht wirklich wollten, sondern weil ihr Verhältnis zum Hintern (dem eigenen und dem anderer) im Grunde nicht existiert. Den Hinweis auf den hygienischen Zustand des Allerwertesten muß ich hier wohl loswerden. Ist es Ihr Allerwertester, behandeln Sie ihn auch so, grundsätzlich. Aber bei dieser Praktik ist es sicher eine Einladung, sich vorher unter fließendem Wasser gemeinsam seiner gründlichen Reinigung zu widmen.

Wenn Ihr Partner die Aufforderung des Götz von Berlichingen an Ihnen ausprobieren will, seien Sie froh und lassen Sie ihn gewähren! Auf diese Weise geleckt zu werden gehört zu den wunderbarsten Gefühlen, die es auf dieser Welt zu verteilen gibt, das werden Sie schnell merken. Freuen Sie sich, einen Mann gefunden zu haben, der diese Lust bereits entwickelt hat. Viel schwieriger ist es, einem Heteromann die sagrotangeschwängerten Vorbehalte seiner Erziehung auszutreiben und ihn zu überzeugen, daß er eigentlich dort lecken will, wo Mutti das Anfassen streng verboten hat. Um nicht den leisesten Verdacht aufkommen zu lassen: Im Grunde seines Herzens hat er nicht halb so viele Vorbehalte wie die, die er vorgibt.

Also müssen wir wieder in die Trickkiste greifen. Die gängigeren Finessen sind so alt wie die Kunst, Sexualratgeber zu schreiben: etwa mit Sprühsahne oder Honig eine Spur zu legen. Ist Ihr derzeit Angebeteter ein Cunnilingus-Fan, geht es auch einfacher. Lassen Sie sich in Rückenlage von ihm verwöhnen, legen Sie Ihre Beine auf seine Schultern, ziehen sich dabei langsam näher an ihn heran und heben Sie Ihr Becken leicht nach oben. Mit dieser Bewegung dirigieren Sie seinen Mund automatisch in die begehrte Richtung. Wenn Sie dann noch eine Hand auf seinen Kopf legen und diesen (langsam und vollständig) sanft nach unten drücken, wird auch der Begriffsstutzigste merken, was Sie wollen. Bockt er noch immer, haben wir es mit einem Fall männlich-heterosexueller Anophobie zu tun. Dann wird es mühsam.

Mein Hintern, das unbekannte Wesen

Ich hoffe, wir sind uns einig: Ein knackiger Männerpo gehört zu den schönsten Dingen auf Gottes weitem Erdboden. Stramm muß er sein, drall und rund, ein echter Hingucker für Frauen und schwule Männer, das erste, worauf wir schauen, verführerisch wie Evas Apfel und hoffentlich auch so geformt.

Das ist die eine Seite. Die andere: Für die meisten Heteromänner (und nicht wenige Frauen) ist der Hintern eine unbekannte Gegend und der letzte weiße Fleck auf ihrer anatomischen Landkarte. Was Männer garantiert nicht wollen ist, daß sich jemand mit ihrem Hintern beschäftigt. Oder? Ein paar seltene Exemplare haben es dank unermüdlicher Frauen dennoch gelernt. Mit einem Mal erfahren sie, was für ein herrliches Sexualorgan er sein kann. Plötzlich wollen sie dort angefaßt werden, geleckt werden, womöglich sperren sie ihn sogar für Finger oder Dildos auf. Nanu? Wollen die Männer nun, oder wollen sie nicht?

Ein Hinterteil, das ist die offene Flanke der Männlichkeit, die potentielle Erniedrigung. Den Hintern aufzusperren ist die bedingungslose Kapitulation des Mannes im Mann. Amerikaner sagen »fuck you!«, wenn Deutsche »Arschloch« sagen, und beide meinen das gleiche: Ich stehe über dir!

Verkehr ohne Verkehr

Zum Ende des Kapitels noch ein paar Sätze zu den einführfreien Alternativen.

Den Film ›Zwischen den Brüsten‹ habe ich mal auf Video gesehen, er scheint unter Heteromännern ein echter Hit zu sein. Ich kann dazu nicht viel sagen, obwohl auch einige Schwule mittlerweile Brüste von der Größe Dolly Busters mit sich herumtragen – als Muskelmasse. Wohl aber zum Schenkelverkehr, den ich für eine gelungene Alternative zur Penetration halte und den Sie in allen klassischen Stellungen betreiben können, missionarisch, hündisch oder in der Löffelchenstellung, in der ich ihn persönlich am tollsten finde. Mit ein wenig Feuchtigkeit zwischen Ihren Schenkeln fühlt es sich für den Mann wie »echter« Verkehr an. Lassen Sie Ihre Schenkel beisammen, aber nicht zu fest, und gehen Sie vorsichtig mit in seinem Rhythmus.

Schwule Männer lieben es, sich aufeinanderzulegen, ihre Glieder aneinanderzudrängen, ineinanderzugleiten. Manchmal gelingt sogar ein Orgasmus, das ist ein großartiges Gefühl. In meiner Vorstellung könnte das auch eine Variante für Heterosexuelle sein, wobei Sie ihm Ihren Unterbauch anbieten.

Mann, war ich gut!

Der Orgasmus

Schöpfungsmythos

Am Abend des siebten Tages schaute der liebe Gott noch einmal bei Adam und Eva vorbei, um die letzten Kleinigkeiten aufzuteilen, die von seiner großen Schöpfung übriggeblieben waren.

»Hier hätte ich zum Beispiel die Fähigkeit, im Stehen zu pinkeln«, sagte Gott.

Adam hielt es vor Aufregung kaum aus: »Ich will, bitte, lieber Gott, laß mich ...!« Er bekam, was er wollte.

»Tut mir leid‹, sagte der liebe Gott daraufhin zu Eva, »dann bleibt für dich nur noch der multiple Orgasmus!«

Wer zweimal kommt ...

Nachdem Adam alles vermasselt hat, ist es wohl nur normal, daß wir Männer einen gewissen Neid entwickeln, wenn es um die Fähigkeit von Frauen geht, mehrmals »zu kommen«. Andererseits ist es ja nicht so, daß wir das nicht irgendwie auch könnten, aber eben nur irgendwie. Bei Männern funktioniert Orgasmus so ähnlich wie die alte Kirmesattraktion »Hau den Lukas!«. Der Hammerschlag steht für das Maß an sexueller Leistung, die wir bringen. Schlägt er kräftig genug zu, schnellt die Kugel weit nach oben und löst eine Glocke aus. Die Kugel steht für die Erregtheit, und wenn es bimmelt, ergießen wir uns. Dann saust die Erregung talwärts, bums: das war's! Für einen zweiten Schlag mit dem Hammer reicht bei den meisten die Kraft nicht.

»Tja, früher, als wir noch jünger waren!« stöhnen bereits fünfundzwanzigjährige Männer bei diesem Thema. Mit sechzehn konnten sie es am besten, einige von ihnen verbrachten als Teenager ganze Tage mit der Übung, sechs- bis achtmal am Tag war keine Seltenheit. Mit dreißig dagegen ist »zweimal täglich« fast schon einen Strich im Kalender wert.

In diesem Alter lernen viele Frauen einen echten Orgasmus erst kennen, und manche eben multipel, so ungerecht ist die Natur. Sollen also sechzigjährige Männer siebzehnjährige Freundinnen haben und vierzigjährige Frauen den Sohn ihrer Nachbarin verführen? Zumindest wäre das Orgasmuskompatibilität par excellence.

Der ganz normale Höhepunkt

Nach den Forschungsergebnissen der amerikanischen Sexualwissenschaftler Masters und Johnson gliedert sich der männliche Orgasmus in zwei Phasen, die so nahe beieinanderliegen, daß man die Zeitlupe einstellen müßte, um sie auseinanderzuhalten. In der ersten Phase bringt der Körper Samen in die Basis der Harnröhre, ziemlich genau unterhalb der Prostata. Das ist im allgemeinen der Zeitpunkt, an dem Männer das Gefühl haben, sie kämen gleich. Das tun sie auch, laut Masters und Johnson meist in 0,8 Sekunden langen Kontraktionen, in denen Samen aus der Harnröhre schießt, zuerst mit viel Schwung, der nach dem dritten Mal ziemlich nachläßt. Nach acht bis zehn Malen ist alles vorbei. Dann beginnen die berühmten Sekunden vor dem Einschlafen.

Was aber geht in unseren Köpfen währenddessen vor? Erst einmal spüren viele von uns ein pulsierendes Etwas, uns wird heiß und heißer, und es entsteht ein Gefühl, als würde unser Unterleib sich zusammenziehen. Der Druck nimmt zu, und je mehr wir ihn steigern, bevor es explodiert und die Glocke schrillt, desto intensiver und befreiender empfinden wir die anschließende Entspannung. Solch ein Orgasmus ist richtig schwere Arbeit, hinterher sind wir geschafft.

Je länger wir die Zeit hinauszögern und die Spannung halten konnten, desto geiler wird der Orgasmus, desto zufriedener (und fertiger) sind wir anschließend. Kommt die Entspannung nicht, weil vorher abgebrochen wurde, so fühlen wir uns, als wäre die Geschichte nach hinten losgegangen. Ab einem gewissen Punkt ihrer sexuellen Erregung wollen Männer sich einfach nur befreien.

Das bedeutet nicht, daß sie keinen orgasmusfreien Sex haben könnten. Ich kenne viele, die auf den Orgasmus verzichten: geplant, weil es sich nicht ergibt oder weil sich einfach nichts abspielt. Während die ersten beiden Fälle in der männlichen Erinnerung durchaus in der Kategorie »schöner Sex« Platz finden, ist der ausbleibende Erguß meist ein weniger angenehmes Erlebnis. Um besser zu verstehen, was in solchen Situationen passiert, muß ich ausholen.

Ein beliebtes Spiel unter schwulen Männern – und ich nehme an, Sie haben das bei einem Mann auch schon einmal ausprobiert – ist das »Hochwichsen«. Falls nicht, holen Sie das unbedingt nach, denn so hilflos haben Sie noch keinen Mann gesehen! Dabei holen Sie ihm so lange einen runter, bis er knapp vor dem Orgasmus steht. So kurz davor wie möglich stoppen Sie plötzlich, lassen Ihr Gegenüber einen Moment lang abkühlen, um dann fortzufahren. Dieses »Hochwichsen« steigert die Spannung dramatisch und beschert einen geilen Orgasmus. Das läßt sich je nach Mitspieler recht, recht lange ausdehnen.

Hätte der Gute nun aber, rein theoretisch, die Hände an die Bettpfosten gebunden und wäre sein Gegenüber böse genug, dieses Spiel weiter und weiter auszureizen, würde die gesteigerte Lust irgendwann umschlagen. An Orgasmus ist nicht mehr zu denken, anstelle der Lust ist die Überreizung getreten. Mit freien Händen hätte er lange vor diesem Zeitpunkt bereits Hand an sich gelegt und für seine Erlösung gesorgt.

Beim Nicht-kommen-können passiert aus allerlei möglichen Gründen genau das, was beim »Hochwichsen« der fiesen Art stattfindet: eine Überreizung. Irgendwann sagt der Penis seinem Herrn: »Laß gut sein, es klappt heute nicht!« Wer es trotzdem weiter wissen will, steigert nur seine Frustration.

Umdrehen und einschlafen

Der männliche Orgasmus ist eine echte Aufgabe, ein guter oder sehr guter Orgasmus eine Leistung, rein körperlich betrachtet. Genau deshalb drehen viele Männer sich danach gerne um und genießen die körperliche Mattigkeit wie ein Jogger seine Müdigkeit nach einem Zwanzig-Kilometer-Lauf. Sie schlafen sofort ein, zufrieden wie Murmeltiere. Das ist auch ein Zeichen für gelungenen Sex. Deshalb verstehen viele Männer nicht, warum Frauen ihnen vorwerfen, was die Natur ihnen zu gebieten scheint. Sie denken, was um Himmels willen kann sie mehr wollen?

Er hatte gerade einen Orgasmus, einen wundervollen dazu, und daß er jetzt neben Ihnen einschläft, läßt sich auch als das schönste Kompliment lesen, das er Ihnen machen kann. Er fühlt sich wohl im Bett mit Ihnen, der Sex war klasse, er vertraut Ihnen. Alles Weitere morgen, die süßesten Träume rufen schon. Okay, das ist zu wenig, aber ich will ja auch nur Verständnis wecken.

Wenn Sie einen gemeinsamen Orgasmus mit Ihrem Partner wünschen, bleiben Sie am Ball, lassen Sie ihn nicht allein durchs Ziel schießen. Was Sie dazu beitragen können ist, durch Ihr Verhalten im Bett, durch die Tricks und Kniffe, die Sie kennen, seinen Orgasmus hinauszuzögern. Wenn Ihr Mann einige Erfahrung hat und kein Egomane ist, kennt er selber ein paar »Kunstgriffe«, um sich zu zügeln. Denn nach seinem Orgasmus quält sich der Ärmste (was er Ihnen zuliebe ein paarmal tun wird) der mangelnden Erektion wegen mit seiner Zunge (dann ist er sehr verliebt!), üblicherweise jedoch mit der rechten Hand, während die linke bereits einschlafbereit an den Waden krault – seinen eigenen.

Das klingt wahnsinnig unerotisch, zugegeben, aber gehört leider zu den wenigen unschönen Wahrheiten über männliche Sexualität. Schwule Männer versuchen beim Sex, zumindest dem etwas anspruchsvolleren (also nicht unbedingt dem One-Night-Stand, sondern eher dem mit ihrem Partner), generell gemeinsam zu kommen. Gelingt das mal nicht, und auf ein paar Sekunden muß es ja nicht ankommen, dann gehört es zur schwulen Etikette, sich nach ein paar Minuten schlicht einen runterzuholen. Wir wollen den Partner dann nicht länger mit unserem Orgasmuszwang belasten, weil wir wissen, daß er tief in seinem Herzen keine Lust mehr hat, sich um den anderen zu kümmern.

Kaum ein schwuler Mann würde seinem Sexpartner deshalb Egoismus vorwerfen. Wenn Sie also noch nicht gekommen sind, ist spätestens dann, wenn er sich umdreht, der Zeitpunkt da, selber Hand an sich zu legen. Benutzen Sie Ihr Gegenüber ruhig als optische Masturbationshilfe, so es denn geht, lassen Sie den Sex noch einmal Revue passieren, basteln Sie sich Ihren Orgasmus lieber selber, als keinen zu haben. Es wäre nicht das erste Mal, daß Ihre Lust auch die seine wieder anheizt ... Das sollte allerdings kein Dauerzustand werden.

Intimschmuck

Neben dem multiplen Orgasmus für Männer ist ja die weibliche Ejakulation das große Modethema der Sex-Kolumnen dieser Tage (ha, endlich ist wieder eine Bastion männlicher Privilegien gefallen!). Was, frage ich mich allerdings, ist so toll am Erguß, daß plötzlich alle wollen? Er hinterläßt vor allem Flecken. Hinterläßt er keine, muß man im besten Falle ein Kondom zuknoten und sich im schlimmsten um seine Gesundheit Gedanken machen. Nein, in neun von zehn Fällen könnte ich auf das Ejakulat liebend gerne verzichten! Eigentlich.

Mit einer Ausnahme, der sogenannten Perlenkette. Sie ist das einzige Stück Schmuck, Intimschmuck einmal ausgenommen, das den Sex verschönt, und geht so: Sie hocken oder liegen vor oder unter Ihrem Mann, benutzen Ihre Brüste als zusätzliche Stimulation und bieten ihm Ihr Dekolleté an, auf das er großzügig sein Sperma in Form eines Colliers verteilt. Sinnlich und sicher, ist die

Perlenkette eine reizvolle Möglichkeit, zu kommen. Geben Sie Ihrem Partner nach dem Orgasmus ein wenig Zeit, sich das Kunstwerk anzuschauen, bevor Sie zum Handtuch oder was immer greifen.

Eine der schönsten Orgasmuspositionen beim Verkehr ist für mich, ob Sie es glauben oder nicht, ausgerechnet die verpönte Missionarsstellung. Ich empfinde es als ein Fest der Gefühle, wenn ich ihm, während er sich ergießt, in seine Augen schauen kann, die sich in Ekstase weiten, während sich kleine Schweißperlen auf seinem Nacken bilden und im Takt auf mich herabtropfen. All das kann mir die angeblich stocklangweilige Missionarsstellung bieten, ohne daß ich mich im geringsten dafür bewegen müßte. Okay, es ist Sonntagmorgen, und die Szene kostet nur einen Groschen und fünf Ave Maria ...

Vorausgesetzt, der Partner schläft nicht gleich danach ein, was redet man mit ihm? War der Sex nicht besonders gut oder gar miserabel, lohnt es sich, zu schweigen. Wenn Sie ihm unbedingt etwas sagen wollen, machen Sie es kurz: »Wow!« zum Beispiel oder »Ich liebe dich!« Mehr als drei Silben nach dem Sex werten viele Männer eher als Redseligkeit. Lieber still streicheln, bis Bruder Schlaf kommt.

Oder Sie lassen sich einfach gehen, denn ein fließend-ungehemmtes Gespräch kann die Fortsetzung der »Beiwohnung« mit anderen Mitteln sein. Sie werden schnell merken, ob Ihr Gegenüber zu den Brüdern flieht oder mitspielt. Mir ist es nicht selten passiert, daß der totgeglaubte Schwanz sich nach halbstündigem Austausch über die schönen Momente des Lebens noch einmal meldete. Dann geht der Spaß von vorne los oder weiter!

One-Night-Etiquette

Die am weitesten verbreitete homosexuelle Lebensge-
meinschaft ist der One-Night-Stand, aber auch unter Heterosexuellen ist die Mini-Affäre beliebt. Schließlich muß
es nicht zwangsläufig bei einer Nacht bleiben, ist doch so
mancher Einakter zum Dauerbrenner geworden. Schwule haben in One-Night-Stands ein paar Umgangsformen
miteinander entwickelt, die nicht immer herzlich, wohl
aber »effektiv« sind.

Kein schwuler Mann bleibt ohne Aufforderung über
Nacht. Zur One-Night-Etiquette gehört, durch eine kleine Frage zu klären, ob Übernachten okay ist. Findet der
Abend in Ihrer Wohnung statt, verpflichtet Sie kein un-
geschriebenes Gesetz der Welt, ihm außer Sex auch noch
einen Schlafplatz anzubieten – es sei denn, Sie haben es
voreilig schon selbst getan. Den Kerl wieder abzuschie-
ben ist völlig legitim, im Zweifelsfall auch mit einer
Notlüge: »Mein streng muslimischer Bauarbeiterfreund
kommt in zwanzig Minuten von der Spätschicht.« Sie
müssen sich nur sicher sein, daß Sie tatsächlich nie wieder etwas von ihm wollen.

Die nächste Entscheidung steht am Morgen an: das
Frühstück. Auch hier gibt es keinerlei Verpflichtung.
Manche Männer, mit denen man gerne Sex hat, taugen
einfach nicht für ein wirkliches Gespräch. Bei ihnen
reicht eine Tasse Nescafé und selbst sonntags die Bemer-
kung, man habe es eilig, ins Büro zu kommen.

War der Abend aber auch vor dem Sex unterhaltsam,
warum nicht am nächsten Morgen ein luxuriöses Frühstück zusammenstellen? Meiner persönlichen Erfahrung
nach wird allerdings das berühmte Frühstück im Bett hin-
sichtlich seiner romantischen Qualität maßlos über-

schätzt. Ständig aufpassen zu müssen, dem (noch nicht wirklich bekannten) Gegenüber keinen heißen Kaffee über die Kniekehlen zu gießen, und kleine kratzige Krümel aus den Hautfalten zu fischen ist nicht wirklich romantisch. Ein hübsch gedeckter Tisch mit Kerze, Orangensaft und einem kleinen Glas Sekt oder Champagner (je nach dem, wie teuer Ihnen Ihr Besuch ist) tut es auch, im Sommer, falls vorhanden, gerne auf dem Balkon oder der Terrasse. Erfahrene One-Night-Stand-Frauen haben einen flauschigen Männerbademantel mittlerer Größe im Kleiderschrank – und für sich die Breakfast-Couture: schlichte graue Tunnelzughosen aus weichem Baumwollgewebe mit passendem Cardigan oder Tops aus hauchzartem Cashmere oder Angora. Bequem und schick.

Sind Sie des Morgens in seinem Bett erwacht, nehmen Sie seine Einladung zum Frühstück nur dann an, wenn Sie Lust haben, ihn eventuell wiederzusehen. Wie gesagt, bei einem One-Night-Stand sind Sie zu nichts verpflichtet! Es ist keine Scharade, das Adressentauschen zu vergessen, wenn Sie wissen, daß Sie seine Nummer sowieso nie wählen werden. Einfacher ist es, höflich zu bleiben und seine Karte erst vor der geschlossenen Wohnungstür wegzuwerfen.

Visitenkarten mit falscher Adresse und Telefonnummer weiterzureichen setzt eine gewisse Abgebrühtheit voraus. Außerdem besteht die Gefahr des Auffliegens, und dann bleibt ein schaler Geschmack. Falls er Sie direkt nach Ihrer Nummer fragt und Sie nicht sicher sind, ob Sie sie herausgeben wollen oder nicht, sollten Sie eine entsprechende Ausrede überlegt haben. Was Sie mit solch vagen Formulierungen meinen, wird Ihr Gegenüber ohnehin verstehen. Wer fragt schon weiter, wenn ihm beschieden wird: »Ich ziehe gerade um«, »Ich suche nach einer neuen Wohnung und habe mein Telefon schon abgemeldet« oder »Ich wohne bei einer Freundin oder bei meiner Mutter«? Es feit Sie vor bösen Überraschungen.

Der Königsweg ist sicher die Wahrheit, die in den meisten Fällen nur menschlich ist und nichts, für das Sie sich zu schämen brauchen. Und bitten Sie ihn immer um seine Nummer, die Sie im Fall der Fälle zu wählen versprechen. Damit ist die Wahrscheinlichkeit, daß er fragt, schon minimiert.

Traumtypen und andere Nachtgespenster

Was tun, wenn das Licht im Flur offenbart, daß der Schnucki aus der schummrigen Kneipe ein Fehlgriff war? Da hilft nur Ehrlichkeit: »Du, tut mir leid, ich habe mich geirrt!« ist zwar kein schöner, in diesem Fall aber notwendiger Satz. Und immer daran denken: Es ist leichter, eine Abfuhr zu erteilen, als sie einzustecken. Unmißverständlich wirkt hingegen das Angebot, ihm die Heimfahrt mit dem Taxi zu erstatten. Ist er ein Kavalier, wird er den Wink mit dem Lattenzaun begreifen und gehen. Sie können auch alkoholbedingte Übelkeit vortäuschen, aber müssen dann damit rechnen, auch noch von ihm verarztet zu werden – wahrscheinlich das letzte, was Sie in dieser Situation wollen.

Viel atemberaubender ist natürlich der umgekehrte Fall. Der One-Night-Stand entpuppt sich in der Nacht und beim morgendlichen Frühstück als echter Traumtyp! Rufen Sie ihn ruhig wieder an, wenn auch keinesfalls am gleichen Tag. Und machen Sie sich, bitte schön, nicht zu große Hoffnungen! Alles ist möglich, auch daß er längst eine Freundin hat. Denn beim One-Night-Stand ist Ver-

lieben eigentlich verpönt. Ach, was heißt schon »eigentlich«! Etiketten sind dazu da, sie zu verletzen, und wer
nicht wagt, der nicht gewinnt!

Leider, so hat eine unrepräsentative Umfrage unter
meinen Freundinnen ergeben, sehen Heteromänner das
in der Mehrzahl nicht so. Die Frau, die es gleich in der
ersten Nacht mit einem Typen treibt, fällt schnell in die
Kategorie »leicht zu haben« und ist zum Bleiben nicht zu
gebrauchen. Andererseits gibt es sie, die glücklichen und
erfolgreichen Verhältnisse, die aus der Lust einer Nacht
erwachsen sind. Mit all dem, was Sie jetzt über Männer
wissen, müßte es Ihnen leichter fallen, ihren Traumtypen
davon zu überzeugen, daß die alten Kategorien ausge-
dient haben.

Zum Nachschlagen

Zehn Thesen über Männer

- Männer sind nicht wirklich anders.
- Männer schauen gerne zu und hin! Sie finden Ihr Aussehen wichtig, wichtiger aber die Haltung, mit der Sie sich präsentieren.
- Männer wissen nicht, was sie wollen. Also ist es hilfreich, wenn Sie es wissen!
- Männer lieben lustvolle Frauen. Wenn Sie sich auf den Sex mit einem Mann freuen und ihm das zeigen, haben Sie schon halb gewonnen.
- Wenn Sie wollen, daß der Sex mit Ihrem Mann abwechslungsreicher wird, machen Sie es ihm vor – nicht weil er es nicht könnte, sondern weil Sie es sind, die es will.
- Männer sind Jäger, aber genießen es, wenn Sie ihnen das Jagen abnehmen.
- Männer lieben Abwechslung (wer nicht?), wenn nicht zu Hause, dann woanders!
- Männer reden nicht gerne über Sex. Wenn Sie über Sex mit Männern reden wollen, suchen Sie sich einen schwulen Freund.
- Lieben Sie seinen Penis wie ihn selbst.
- Für jeden Sex außerhalb einer festen Beziehung gilt: Ohne Gummi nimmer!

Schon wieder du!

Der Beziehungssex

Kleine Lobpreisung des Beziehungssex

In einer von Gleichwertigkeit und gegenseitigem Genuß geprägten Bindung kann der schönste Sex stattfinden, den man sich nur vorstellen kann. Vielleicht wird er mit den Jahren weniger, dafür aber besser. Mit der Phantasie als Wegweiser erkunden die »Parallel-zueinander-Laufenden« (Tania Blixen, Sie erinnern sich?) das Reich ihrer Sexualität, erkunden seine entferntesten Provinzen. Und bleibt der Sex auch einmal Mittelmaß, was soll's? Die Gewißheit, daß es beim nächsten Mal wieder besser werden kann, anders und neu, erlaubt es, Rückschläge zu ertragen.

Wann immer ich sexuell erfolgreiche Langzeitbeziehungen kennengelernt habe, fand ich zwei Menschen, die bei all ihrer gegenseitigen Zuneigung genußfrohe und forschende Individuen geblieben sind, in der Lage, sich gegenseitig mit neuen Ideen und Idealen zu befruchten. Die Stärke des Beziehungssex liegt sicherlich darin, keine Geheimnisse mehr voreinander zu haben, die innersten Wünsche offenbaren zu können, ohne falsche Scham. Aber seien wir ehrlich: So leicht ist es nur selten.

Amen!

Carlos und seine Freundin Gabriele verabreden ihren gemeinsamen Sex wie einen Kinobesuch oder ein Abendessen in einem teuren Restaurant. Das mag auf den ersten Blick ein wenig befremdlich erscheinen, weil Sex in unseren Augen natürlich, urtümlich, zügellos und nicht planbar ist, nur dann befinden wir ihn für gut.

Dem ist nicht so. »Allzeit bereit«, in jedem Moment kann es passieren. Der Zeitpunkt ist unplanbar, aber auch nur deswegen, weil Sie genau das geplant haben. Seien Sie vorbereitet, verabreden Sie sich zum Sex, why not? Denken Sie daran, daß guter Sex eine Inszenierung ist, und eine solche wird auch im Leben geplant und steht schon Tage vorher fest. Wie viele Ereignisse haben Sie schon im Vorfeld ausgekostet, weil Sie rechtzeitig eingeladen waren? Wie viele Parties haben Sie genossen, weil sie entsprechend gut und von langer Hand vorbereitet waren? Wie viele spontane »Genüsse« stehen dem gegenüber? Eben. Also warum nicht darüber auch in einer Beziehung nachdenken?

Carlos und Gabriele bereden schon Tage vorher, was sie an ihrem »Special-Abend« ausprobieren möchten. Mal verwöhnt Carlos seine Freundin eine Nacht mit allem, was ihm zur Verfügung steht, um sie in stundenlangem Spiel von Höhepunkt zu Höhepunkt zu treiben, bis sie schier ausflippt. Es war sein Wunsch, sie in diesem Zustand der totalen Ekstase betrachten zu können. Fragen Sie mal einen One-Night-Stand, ob er das mitmacht! An einem anderen Abend revanchiert sich Gabriele.

Tony und ich haben uns in unserer neuen Wohnung ein ganzes Sexzimmer eingerichtet, das ich auch als zweiten Schlafraum nutzen kann, wenn ich einmal meine Ruhe haben möchte – mein Freund zersägt jede Nacht Urwälder. Bei der Einrichtung Ihres Sexzimmers sind

Ihrer Phantasie keine Grenzen gesetzt. Ein kleines TV-Gerät mit Videorecorder, einen CD-Player für romantische Klavierkonzerte oder elektronische Ambient-Rhythmen, viel Rotlicht, ein breites Bett und eine Liebesschaukel – damit haben Sie das Basis-Set bereits zusammen. Wenn Ihnen der Sex in einer Beziehung wichtig ist und Sie es sich leisten können, geben Sie ihm Raum! Wenigstens einen.

Der Sex stirbt langsam

Den Beziehungsalltag kennen wir alle: »Können wir dann mal?« fragt sie, und er antwortet: »Ich möchte nicht.« Kein Gespräch und kein Sex. Aber die Wahrheit läßt sich nicht länger vertuschen.

Mal ehrlich, wie lange geben wir einer solchen Beziehung? Zwei Jahre, vier Jahre? Wenn man sich kennenlernt, ist der Sex erst unsicher, dann wild, später romantisch, schließlich erfahren. Dann wird er langsam weniger, erst unbemerkt, dann unbesprochen. Beide beginnen zu warten, ob er sich von alleine wieder einstellt. Doch was sich einstellt, ist meist eine gegenseitig größer werdende Abneigung vor den Gewohnheiten und dem Körper des anderen.

Die sexuelle Abwärtsspirale kommt in Fahrt. Ihr Mann schaut wieder seinen Traumfrauen, Sie ihren Traummännern hinterher, und die Gefühle ändern sich. Sehnsucht kommt ins Spiel, Sehnsucht nach der sexuellen Libertinage der Singlejahre. Im Bett klappt schließlich gar nichts mehr, nur für ihre Umwelt bleiben Sie das traute Pärchen.

Unschöne Wahrheiten

Wir gehen Bindungen ein, weil wir eine emotionale Stütze in unserem Leben brauchen. Anders ausgedrückt: Ginge es allein um Sex, würden wir uns kaum darauf einlassen. Frauen und Heteromänner sind da sicher nicht so extrem wie schwule Männer, aber eben auch »nur« Menschen.

Trotzdem suchen wir alle nach einer Beziehung. Was uns in feste Partnerschaften treibt, ist meiner Einschätzung nach zuerst die Aussicht auf jemanden, der unsere emotionalen Wunden pflegt, die das »harte Leben« und der (scheinbar) ständige Erfolgsdruck uns beibringen.

Und dann haben wir endlich jemanden, dem wir unser Hinterteil zurollen können, ohne Angst, derjenige nutze die Situation, um uns das Messer in den Rücken zu rammen. Einen schönen Nebeneffekt liefert zudem die Vorstellung, seine Leistungen nicht mehr nur für sich selbst, sondern auch für einen anderen zu erbringen.

Dem steht gegenüber, daß alle Menschen Abwechslung im Bett suchen. Viele empfinden den Übergang vom freien Singledasein zum Leben mit einer Bindung als Einschränkung. Für sie ist Monogamie wider die Natur. Nicht wenige, die mit ihrer Beziehung unzufrieden sind, suchen den Ausweg außerhalb. Bevor sie ein sexuelles Problem in ihrer Partnerschaft diskutieren, suchen sie eher stillschweigend eine eigene Lösung; sie glauben nicht, durch Reden sexuelle Fragen klären zu können.

Bei Männern ist diese Unfähigkeit wohl ausgeprägter. Sie haben das Gefühl, erst einmal ihre sexuellen Knoten lösen zu müssen, um über Sexualität reden zu können. Die Angst, durch das Eingeständnis eines Sexproblems die Beziehung und vor allem sich selbst in Frage zu stellen, ist in den Köpfen der Männer größer als die Aussicht, sie dadurch zu retten. In der Ratio des Mannes heißt das: Bin ich sexuell ausgeglichen, funktioniert auch der Rest wieder besser. Um körperliche Befriedigung zu erreichen, tun sie natürlich das, was sie am besten zu können meinen: jagen. Vorausgesetzt, ihr Bauch hat sie nicht schon längst vor den Fernseher gefesselt.

Ehrliche Antworten bei einer Umfrage unter Männern würden ergeben, daß neunzig Prozent aller »Fremdgeher« der Ansicht sind, ihre Beziehung auf diese Weise verbessern oder gar retten zu können. Er teilt mit seiner »Eroberung« ja nichts, was in seinen Augen eine echte Verbindung ausmacht, sondern nur »schnöden« Geschlechtsverkehr.

Sex ist allgemein kein hinreichender Grund, eine Beziehung einzugehen, fehlender Sex aber Grund genug, sie zu beenden. Geht die Lust zur Neige, beginnt für viele das Aufwachen. Sowenig das Sexuelle bei der Bindung an eine andere Person im Vordergrund gestanden haben mag, und sowenig sie dafür getan haben, die Sexualität in der Beziehung wach zu halten: Die Probleme, die sich aus deren Fehlen ergeben, stellen früher oder später den Sinn der gesamten Beziehung in Frage. Sex ist nicht alles, aber ohne Sex ist alles nichts.

Was tun?

Auch die Schlußfolgerung aus diesen wenig verheißungsvollen Wahrheiten über die menschliche Natur sind nicht gerade berauschend. Wenn Sie mit Ihrem Partner sexuelle Abwechslung erleben und den Sex wach halten wollen, werden Sie diejenige sein müssen, die dafür sorgt.

Je früher Sie den Anfang machen, desto besser. Eine ein-
geschlafene Partnerschaft wieder wach zu küssen ist ungleich schwerer, als eine noch funktionierende am Laufen
zu halten. Schließlich nimmt auch die eigene Motivation
mit der Dauer der Probleme immer weiter ab, selbst wenn
der Druck, sie zu lösen, größer wird. Der »schlappe Sack«
neben Ihnen wird vom Herumliegenlassen nicht attraktiver.

Der wohl größte Fehler ist es (sich selbst und dem Partner gegenüber), seine Lust zu negieren. Männer schätzen
sexuell aktive Partnerinnen. Sich die griechische Hetäre
zum Vorbild zu nehmen klingt leichter, als es ist, denn
dazu gehört, sich nicht billig dabei zu fühlen, die eigene
Geilheit zu zeigen und zu leben. Wer damit anfängt, wenn
das Problem schon offenkundig ist, macht sich unglaub-
würdig. Ihrem Partner wird es scheinheilig vorkommen,
wenn Sie nach vier Monaten Funkstille im Bett nackt, mit
einer Kerze in der Hand, einen Porno in den Videorecorder einlegen. Zu Recht wird er sich fragen, wo Ihre Lust
die letzten Monate versteckt war, und Ihnen nicht glauben. Würden Sie es sich selbst glauben? Nach ihrem Coming-out wird Ihnen falsche Scham hoffentlich nicht
mehr im Wege stehen.

Reden ist Silber

Ein Gespräch über sexuelle Probleme setzt die Einsicht
voraus, daß sie existieren. Glauben Sie mir, ich weiß aus
eigener Erfahrung, wie schwer dieses Eingeständnis ist.
Wir alle wünschen uns doch nichts sehnlicher, als daß die
Beziehung einfach nur glückt. Oft glückt sie ja auch – abgesehen vom Sex. Wenn Sie ein solches Gespräch ange-

hen wollen, so lautet mein erster Ratschlag: Stellen Sie die guten Seiten Ihrer Beziehung in den Vordergrund. Versichern Sie ihm und sich selbst Ihre Liebe zueinander. Legen Sie Wert darauf, miteinander durchzusprechen, was in Ihrer Partnerschaft gut funktioniert, kurz: Geben Sie Ihrem Sex eine Perspektive.

Weil wir Liebe und Sexualität in unserer westlichen Wertewelt so eng miteinander verflechten, weil wir Sex immer noch als etwas Unantastbares betrachten (wo er doch »nur« ein schnödes Bedürfnis ist?), halten wir unsere Probleme damit gleich für etwas Vertracktes. Meistens sind sie es aber nicht.

Jene schon erwähnte Gabriele zum Beispiel hatte jahrelang Mühe mit Carlos' urwaldhafter Behaarung – durchaus ein Sexproblem, denn im Grunde törnte der Mann vor ihr sie nicht wirklich an. Ihr Sex wurde immer weniger, bis nach etwa einem halben Jahr die Flaute einsetzte. Es dauerte ein komplettes Jahr, bis die fehlende Erotik in ihrem ansonsten perfekten Alltagsleben beide so mürbe gemacht hatte, daß sie anfingen, miteinander zu reden. Über alles sprach Gabriele, nur über seine Haare auf dem Rücken sprach sie nicht. Es bedurfte einer Nacht mit viel Wodka auf der Geburtstagsparty einer Freundin, bis Gabriele schließlich beichtete. Eigentlich hatte sie sich Mut angetrunken, um sich von ihrem Freund zu trennen. Doch Carlos' Reaktion überraschte sie. Er hatte volles Verständnis dafür, daß sein Gorilla-Rücken ihrem ästhetischen Empfinden widersprach! Und bat sie, ihn beim nächsten Duschen zu rasieren.

Um es kurz zu machen: Ihr Gespräch half, Gabrieles mentale Blockade zu überwinden, die wesentlich entscheidender war als die Haare auf dem Rücken. Jetzt, wo die Ehrlichkeit wiederhergestellt war, hatte sie beim Sex nicht mehr das Gefühl, ihm eine unangenehme Wahrheit vorzuenthalten – der eigentliche Grund, weswegen sie die Körperlichkeit mit ihm nicht genießen konnte. Es ging sexuell langsam wieder aufwärts, die Rasuren wurden Bestandteil ihres Liebsspiels – für eine Weile. Heute hat Gabriele längst gelernt, mit den Haaren zu leben.

Oft dauert es so lange, bis die beiden Partner ihr Sexproblem besprechen, daß sie bereits von der Tatsache der Thematisierung eine Lösung erwarten. Der erste Sex nach solchen Gesprächen steht oftmals unter reinem Leistungsdruck, und der wiederum ist dem Sex abträglich. Schnell gerät das Paar in eine Abwärtsspirale aus Diskussionen und fehlgeschlagenen Versuchen. Wenn Reden nicht hilft, und Reden ist oft wirklich nur ein allererster Schritt, der notwendig ist, um die Ehrlichkeit in einer Beziehung wiederherzustellen, was hilft dann?

Ich sehe die Ratschläge schon vor mir: Zusammen einen Sexfilm schauen! Für ihn strippen! Ihn einmal nackt im Kerzenschein überraschen! Alles richtig, alles schon siebenhundertsechsundfünfzigmal dagewesen. Nichts gegen praktische und praktikable Tips, aber all diese Vorschläge, so richtig und wohlgemeint sie auch sein mögen, bleiben in einer festen Beziehung lauwarme Tropfen auf einem längst erkalteten Stein, wenn Sie nicht versuchen, dem scheinbaren Sexproblem auf den Zahn zu fühlen. Ist der Sex wirklich das Problem? Oder ist der ausbleibende Sex die Folge des eigentlichen Problems?

Nur weil man jemanden liebt, muß man noch lange keinen guten Sex miteinander haben. Umgekehrt ist mangelnder Sex kein Zeichen mangelnder Liebe. Und zu meinen, weil man jemanden überirdisch liebt, keinen Sex mit ihm »nötig« zu haben, ist gleichermaßen daneben.

Wenn die Liebe nicht stimmt, rettet auch der Sex nichts

mehr. Diese beiden Elemente müssen fein säuberlich auseinandergehalten werden. Ist das Sex- in Wahrheit ein Liebesproblem, macht das die Partnerschaft nicht einfacher, im Gegenteil. Zumindest aber wissen Sie endlich, woran Sie sind, und schieben die Chose nicht länger dem Sex in die Schuhe, der dafür nichts kann. Wer von der Sexualität erwartet, daß sie erkaltete Liebe zu neuem Leben erweckt, überfordert sie.

Die erste Frage muß also lauten: Liebe ich diesen Mann noch? Wenn Sie ihn nicht mehr lieben, warum wollen Sie dann körperlich noch etwas von ihm? Wenn Sie hingegen mit einem Mann durch sexuell schwierige Zeiten gehen, die Frage nach der Liebe aber mit »ja« beantworten, ist das häufig Ansporn genug, auch sexuell wieder frischen Wind in das Verhältnis zu bringen. Dann greifen Sie in Gottes Namen zur Pornokassette und inszenieren Sie einen wilden oder einen romantischen Abend.

Trennung macht die Liebe schön

Wenn alle Pornovideos dieser Welt Ihnen nicht mehr helfen, Ihr Liebesleben wieder flottzukriegen, dann lassen Sie es bleiben. Großmutters alte Weisheit, daß Trennung die Liebe schön macht, gilt in abgewandelter Form auch für den Sex. Es setzt viel Liebe und Offenheit voraus, mit einem Partner durch eine verabredete Zeit ohne Sex zu gehen. Aber es kann helfen. Rücken Sie die Betten auseinander, trennen Sie die Schlafzimmer, falls möglich, und haben Sie einfach keinen Sex mehr miteinander. Beschließen Sie eine Auszeit, denn nur eine solche Vereinbarung nimmt den immer größer werdenden Druck von beiden. Das ist eine radikale Entscheidung, und sicherlich nicht die erste Wahl. Aber ist nicht etwas dran an dem Spruch, daß wir Menschen erst dann wissen, was uns wichtig ist, wenn wir es nicht mehr haben? Wenn die Entscheidung, für eine Weile auf Sex zu verzichten, gemeinsam getroffen worden ist, ändert sich oft verblüffend schnell der alltägliche Umgang miteinander. Weil beide wissen – und körperlich spüren –, daß die Beziehung durch eine Zeit der Prüfung geht, halten Zärtlichkeit und gegenseitige Rücksichtnahme wieder Einzug.

Beide Partner spielen mit hohem Einsatz, und sie wissen darum. Irgendwann kann ein Kuß in der Küche der Moment sein, in dem das Eis bricht. Ich sehe Ihr Stirnrunzeln förmlich vor mir, aber ich habe es selbst genau so erlebt.

Genuß ohne Treue

Sollte »Paralleles-aufeinander-Zulaufen« à la Blixen auch das Einschlagen von Seitenpfaden erlauben? Oder anders gefragt: Gibt es ein Recht auf den Seitensprung? Kein Aspekt der Sexualität erhitzt männliche wie weibliche Gemüter mehr als diese Gretchenfrage.

Die meisten Männer antworten mit »nein« und tun es trotzdem. Es läge nun mal in ihrer Natur, ihr Erbgut möglichst weit zu streuen, blablabla und basta. Das bedeutet natürlich noch lange nicht, daß sie ihren Frauen »erlauben« würden, auch nur in die Nähe von anderem Erbgut als dem ihren zu kommen. Ganz im Gegenteil, schließlich wissen Männer, wie Männer sind – besitzergreifend! Und Frauen trauen sie sowieso nicht zu, nur wegen der »unanständjen Lust«, wie Claire Waldoff zu singen pflegte, in fremde Betten zu hüpfen. Ich kann es nicht beurteilen, dafür bin auch ich zu sehr Mann. Ist die Zahl der Frauen, die Sex als Kunst der Kunst wegen betreiben, wirklich hoch? Brauchen die meisten nicht wenigstens die Illusion emotionaler Bindung, um Sex mit einem Mann zu genießen? Sei es, wie es sei. Darin, daß Männer eben das vermuten, liegt – unabhängig von der Richtigkeit – wohl der Grund, der sie eifersüchtig macht.

Frauen sind natürlich keinesfalls auf Treue gepolt. Diva Zarah Leander durfte selbst in den nicht gerade freizügigen Zeiten des »Dritten Reichs« die Frage stellen: »Warum soll denn eine Frau kein Verhältnis haben?« Millionen Frauen wußten keine gescheite Antwort darauf und nahmen sich eines.

Ein Dauerbrenner in Literatur, Theater und Film ist die reife, vernachlässigte Ehefrau, die mit dem achtzehnjährigen Sohn der befreundeten Familie eine leidenschaftliche und natürlich tragisch endende Affäre durchlebt. Vom schicksalhaften Ende einmal abgesehen, ist die Kombination »reifere Frau trifft jungen Spund« eigentlich ideal, wie wir wissen. Viele Jungen wünschen sich eine reifere Frau, die sie in die Liebe einführt. Wer seelisch stark genug für eine solche »liaison dangereux« ist, sollte nicht nur davon träumen.

Seien wir ehrlich: Treue ist unnatürlich, eine kulturelle Errungenschaft oder eine Last der Vergangenheit, wie immer man es betrachten möchte. Aber ist sie deswegen falsch? Hoch im Kurs steht sie immer noch, und, glaubt man den Umfragen, sogar höher denn je, vor allem unter Jugendlichen, wobei hier sicher auch die Angst vor Aids eine Rolle spielt. Ich bezweifle, daß diese Umfragen der Realität entsprechen. Sie drücken mehr eine Sehnsucht aus denn eine gesellschaftliche Wirklichkeit: die Sehnsucht nach festen Werten und Geborgenheit in einer

Welt, in der auch die Sexualität immer stärker den Kräften des Marktes unterworfen wird. Wahrscheinlich ist keine Zeit verlogener mit dem Treue-Begriff umgegangen als unsere.

Beate verlangte von Christian absolute Treue, ein Versprechen, das Christian immer wieder gab und doch niemals hielt. Jeder Seitensprung, den er katholisch-treu beichtete, führte bei ihr zu Tobsuchtsanfällen und anschließender Trennung. Plötzlich Single, konnte auch sie endlich fröhlich durch die Betten hüpfen, was sie meist noch am gleichen Abend tat. Regelmäßig nach einer Woche riefen sie sich an und beschlossen, es doch noch einmal miteinander zu probieren.

Alles klar? Christians naiver Fehler war, sich nicht pflichtgemäß getrennt zu haben, bevor er jemanden abschleppte. So gesehen, ist Beates Verhalten natürlich bigott, steht aber im Einklang mit mitteleuropäischen Treuekonventionen. Für die konservativeren unserer Großeltern wären wir sowieso allesamt Sünder, denn Monogamie, wirkliche sexuelle Treue also, bedeutete: Ich bleibe Jungfrau bis zur Hochzeitsnacht, danach habe ich nur noch Sex mit meinem Ehegatten – bis zum Tod, meist dem Bettod. So versteht Treue heute niemand mehr. Wir alle betreiben, wenn überhaupt, serielle Monogamie: nicht kunterbunt durch-, sondern hübsch nacheinander. Wir bleiben allen unseren Partnern treu und haben trotzdem mehrere.

Treue Bindungen funktionieren nicht besser oder schlechter als Beziehungen ohne Treue. Sie funktionieren anders und entwickeln sich häufig auch anders. Tatsächlich neigen Partnerschaften ohne absoluten Treueschwur viel eher zu der Tendenz, in Blixenscher Manier parallel aufeinander zuzulaufen. Ich habe nie jemandem Monogamie auszureden versucht, wenn er oder sie es denn wollte. Aber ich kenne auch tragfähige Beziehungen ohne Treue.

Können Männer lernen, mit einem gelegentlichen Seitensprung zu leben, ihre Eifersucht zu kontrollieren? Manche sicherlich. Leider machen die meisten Paare den Fehler, erst dann offen über ihre Lust auf einen Seitensprung zu reden, wenn er bereits passiert ist. Wichtig ist, die Lust, sofern vorhanden, anzusprechen, bevor sie sich Bahn bricht. Nicht daß danach alles geregelt wäre, immerhin geht es um Lust und Gefühle, ein partnerschaftlicher Streit ist bei diesem Thema immer im Bereich des Wahrscheinlichen. Und seien Sie bloß mißtrauisch, wenn irgendein Mann über sexuelle Treue redet! Der zwar nachvollziehbarste, aber schlimmste Fehler der meisten ist, ihre Partner für anders zu halten als die anderen. »Mein Freund (Mann, Partner) ist nicht so!« Ein Fehler, den Männer und Frauen gleichermaßen machen. Vielleicht redet er anders als die anderen (Ihnen gegenüber), aber das ändert nichts! Er ist so.

Das Verrückteste an all diesen Treuediskussionen ist, daß sie fast immer im Konjunktiv geführt werden: hätte, könnte, würde, sollte. Nicht der Seitensprung macht uns verrückt, sondern die Angst vor ihm. Die Phantomschmerzen sind es, die am meisten weh tun, mitunter führen sie direkt in die Raserei. Frühe Gespräche helfen, sind Ankerpunkte, zu denen sich zurückkehren läßt, wenn der aktuelle Anlaß eingetreten ist. Probieren Sie das, was Sie noch nicht versucht haben.

Seien Sie sicher, daß Sie in jeder Beziehung mindestens ein paar Dutzend Treuediskussionen führen werden. Sie alle werden im Nichts enden, im besten Falle ein wenig zur Klärung einer konkreten Situation beitragen, im schlimmsten Fall nur neue Probleme schaffen! Um aus der gefürchteten Ja-oder-nein-Falle herauszukommen, hilft es aber, ein paar Modelle zu kennen, die mit sexueller Treue unterschiedlich umgehen. Ein moderner Grundsatz der Psychologie lautet schließlich: Mit nur einer Alternative hast du noch keine echte Wahl.

Dreier und Vierer

Frank und Maria holen sich dann und wann einen jungen Mann in ihr Ehebett. Das kommt Franks bisexuellen Neigungen ebenso entgegen wie Marias Lust auf gelegentlich frische Eindrücke. Zeitweilig hatten die beiden sogar so etwas wie einen echten Hausfreund, einen BWL-Studenten, der alle zwei Wochen ihre Sonnabende versüßte. Ansonsten bleiben Frank und Maria sich sexuell treu. Den dritten im Bunde finden sie meist über Kontaktanzeigen, seit neuestem auch in den Chaträumen des Internet.

»Dreier« haben den Vorteil, daß beide Partner zur gleichen Zeit mit derselben Person fremdgehen, was keinen Platz für panische Phantasien läßt, der häufigsten Ursache für Eifersucht. Der Nachteil besteht darin, daß sich selten Dritte finden, die beide Partner gleich erregend finden (und natürlich genauso umgekehrt). So können sich auch beim »Dreier« Eifersüchteleien aufbauen.

Ihr Partner ist nicht bisexuell? Sie auch nicht? Hmmm, dann wird's wohl eine(r) mehr …

Pärchenparties

Vielleicht haben Sie sich bei der Lektüre von Kontaktanzeigen schon mal die Frage gestellt, was »PT ohne GS«
heißt: Partnertausch ohne Gruppensex. Lisa und Fabian
treffen Gerda und Kai, Kai schläft mit Lisa und Gerda
mit Fabian. Das ist sozusagen Pärchenparty light. Lisa
und Fabian gehen auch mal zu PT mit GS, entweder pri-
vat zu Freunden oder in einen Swinger-Club, einer insti-
tutionalisierten Pärchenparty.

Auch Pärchentreffs können ein Ventil sein, gemeinsam die Lust aufs Fremdgehen auszuleben. Wichtig ist,
daß der Kreis von Leuten, dem man sich anschließt,
»stimmt«. Viele kommerzielle Swinger-Clubs sind mie-
fige Etablissements, die seit fünfundzwanzig Jahren keine
Renovierung erlebt haben. In den Siebzigern war Swin-
gen hoch in Mode, einige Clubs sind in Ausstattung und
Publikum dort hängengeblieben. Aber man findet auch
andere, von rustikal bis nobel.

Die Welt der Partnertauscher ist eine Szene für sich,
die sich am ehesten über Kontaktanzeigen- und Swin-
germagazine erschließt, die in Sexshops erhältlich sind.
Wer sich von einem ersten negativen Erlebnis nicht ab-
schrecken läßt, wird sicher seine Nische finden. Man
lernt ein sympathisches Pärchen kennen, das einen zu einer Privatparty einlädt, auf der eine Adressenliste aus-
liegt, und so weiter. Ehe man sich versieht, hat man ein
neues Hobby und fährt Wochenende für Wochenende
quer durch die Republik.

Die offene Partnerschaft

Für die einen ist sie das Ei des Kolumbus, für die anderen eine Quadratur des Kreises (für manche Ausdruck von Spießigkeit: montags einkaufen, dienstags Jürgen, mittwochs jemand anders, donnerstags Volkshochschule ...). Was bleibt noch von einer Beziehung, die keinen Wert mehr auf sexuelle Treue legt? Zugegeben, oft nicht viel. Aber es gibt auch erfolgreiche offene Formen, die allerdings nicht ohne Regeln auskommen. Jürgen und Gerard haben sich auf einen freien Tag in der Woche geeinigt, an dem jeder seine Seitensprünge ausleben kann. Andere öffnen sich mit der Zeit für dritte und vierte, und ein Netz entsteht, das mit klassischen Vorstellungen von Beziehung tatsächlich nichts mehr zu tun hat.

Meine Freunde Lukas und Alex beispielsweise haben beide einen Liebhaber und gehen mal zu zweit, mal zu dritt, mal zu viert ins Bett oder ins Theater. Auf die Frage, warum sie noch an ihrer Partnerschaft festhalten, antworten sie konservativ: »Man soll Dinge nicht abschaffen, die sich bewährt haben.«

Vorsicht ist dennoch bei Männern geboten, die von vornherein auf einer offenen Beziehung bestehen. Sylvia weiß davon ein Lied zu singen. Ihr letzter Lover hatte ihr bereits am ersten Abend erklärt, daß er von Treue nicht viel halte, und sie könne sie auch nicht von ihm erwarten. Letztendlich ging ihr Lover ständig mit anderen Frauen ins Bett; selbst an dem Tag, als Sylvia eine Abtreibung vornehmen ließ, vergnügte er sich mit einer anderen. Auf ihre Gefühle nahm er keine Rücksicht. Das aber ist keine offene Beziehung, das ist offene Ausbeutung. Da hilft nur eines: Zeigen Sie solchen Männern den Weg zur Tür!

Die geilsten Affen und ihre Lehren

Sollen Männer sich ändern?

In einem Haus in Los Angeles, das vom Keller bis zum Dach dem Sex geweiht ist, lebt die von mir hochgeschätzte Sexualtherapeutin Susan Block. Mit viel Arbeitseinsatz und Geld kümmert sie sich um den Erhalt der Bonobos, einer kleinen Schimpansenart. In ihrer Heimat, dem Süden des Kongo, leben gerade noch zehntausend ihrer Art. Sie sind die allernächsten Verwandten des Menschen und stehen uns näher als andere Schimpansenarten. Was die Therapeutin mit ihnen verbindet, ist der Glaube an die friedliche Macht der Sexualität.

Bonobos haben viel Sex. Sehr viel Sex. Die Vagina von Bonoboweibchen ist nach vorne verschoben, so daß sie es von Angesicht zu Angesicht mit ihren Männchen treiben, und nicht nur von hinten, wie andere Schimpansen. Aber Bonobos betreiben noch viele andere Spielarten: Fellatio und Cunnilingus, gegenseitige Masturbation, Gruppensex, Bi- und Homosexualität, tiefe Zungenküsse, bei denen sie sich noch tiefer in die Augen schauen. Nur eine andere Spezies auf der Welt kennt eine solch vielfältige sexuelle Ausdruckskraft: wir Menschen.

Doch was die Bonobos wirklich faszinierend mache, sagt Susan Block, ist die Weise, in der sie ihre Sexualität einsetzen: um Spannungen in der Gruppe zu lösen, als

Tauschware (»Ich gebe dir einen Kuß, und du gibst mir eine Banane«), als Verstärkung des Zusammenhaltes. Auch unter Bonobos herrscht mitunter Streit, aber noch nie wurde beobachtet, daß ein Bonobo mutwillig einen anderen getötet hätte. Im Unterschied zu ihren Verwandten, den Schimpansen, sind Bonobos nicht von Männerhierarchien dominiert, Frauen spielen die wichtigste soziale Rolle.

Sicherlich läßt sich diese Lebensform nicht auf unsere komplizierte Zivilisation übertragen. Aber unsere nächsten Verwandten zeigen uns einen Weg, freier und offener mit unserer Sexualität umzugehen. Sie ist ein Geschenk, mit dem wir unsere Spannungen lösen, unsere Bindungen stärken können. Je mehr wir bereit sind, von unserer Sexualität zu geben, desto stärkere positive Gefühle werden wir zurückbekommen, desto intensiver wird unser Leben und unsere Liebe verlaufen. Das lehren uns die Bonobos. Oder, wie Susan es ausdrückt: »Man kann schlecht einen Krieg anfangen, wenn man gerade einen Orgasmus hatte.« In diesem Sinne sollten wir alle viele Orgasmen haben, immer und überall.

Einige Thesen dieses Buches werden manchen Frauen nicht gefallen. In vielen Gesprächen unter ihnen und schwulen Männern kommt die Frage auf, ob Heteromänner nicht ein bißchen zu reformieren wären, vielleicht in Richtung der Vorstellung, wie Schwule (ihnen gegenüber) sind, nur eben weiterhin auf Frauen scharf. Ein wenig aufmerksamer, ein wenig mehr auf ihr Äußeres bedacht (Hygiene inklusive), ein wenig offener – wir hatten das alles schon; wenn Ihnen entgangen sein sollte, was ich meine, fangen Sie wieder auf Seite 7 an, gehen Sie nicht über Los, ziehen Sie …

Die Frage, ob Männer sich ändern sollen, hat viele Antworten. Erstens wünschen auch Schwule sich, daß Männer manchmal anders wären, und verfluchen ihre eigenen Unzulänglichkeiten. Etwas unehrlich ist das Ganze, denn wir sind selber welche, und wir haben mindestens so oft einen anderen Mann sitzengelassen, betrogen und sexuell ausgebeutet, wie wir von ihnen sitzengelassen, betrogen und sexuell ausgebeutet wurden. Der Unterschied liegt allein darin, daß diese Verhaltensweisen sich in einer reinen Männerwelt abspielen und nicht zwischen den Geschlechtern. Wenn schon schwule Männer sich nicht wirklich ändern, warum sollten es ihre heterosexuellen Kollegen, die ja viel weniger an sich selbst leiden mußten (siehe Coming-out) und deshalb oft viel weniger an sich arbeiten?

Was sich garantiert ändern läßt, sind Äußerlichkeiten und die Bereitschaft, sich auf neue Sexualpraktiken einzulassen. Männer legen heute schon sehr viel mehr Wert auf ihr Äußeres als noch vor zehn Jahren. Je mehr Frauen selbstbewußt ihre Forderungen an Männer herantragen, also es ihnen vormachen, desto mehr wird sich hier zum Vorteil verändern, und schon die nächste Generation wird über unsere Probleme (und unser Unwissen) lächeln – und andere haben.

Was sich hoffentlich nie ändern wird ist, bei allen Widrigkeiten, das Wesen der Männer. Denn seien wir doch ehrlich, je mehr wir mit ihnen auf Kriegsfuß stehen, je mehr wir sie manchmal zur Hölle wünschen – um so weniger wollen wir auf sie verzichten. Genau aus diesem Widerspruch ziehen wir alle ein großes Stück unserer Erotik, unserer Leidenschaft für dieses unperfekte Wesen Mann!

Dank

Dieses Buch wäre nicht möglich geworden ohne die Hilfe und Unterstützung vieler Männer und Frauen, ob hetero, lesbisch oder schwul. Sie alle zu nennen sprengt den Rahmen. Einige aber möchte ich der Gerechtigkeit halber erwähnen – und alle anderen um Verzeihung bitten, ich habe euch nicht vergessen.

Mein besonderer Dank geht zuerst an meinen Freund und Lebensgefährten Anthony, der eine dreimonatige Trennung ausgehalten hat, damit ich dieses Buch in Deutschland schreiben konnte. Ich danke der Edition diá, die mir mit Rat, Tat und Langmut zur Seite stand, und dtv, der den Mut hatte, das Projekt in die Wege zu leiten.

Dank an alle Frauen in meinem Leben, die mir immer wieder die andere Hälfte der Menschheit unter die Nase gerieben haben! Besonderer Dank geht an Anna, Babs, Betty, Chris und Sabine, die Kapitel für Kapitel meine schwulen Flausen entschärft und in zahllosen Gesprächen dazu beigetragen haben, daß sich hoffentlich viele Frauen in diesem Buch wiederfinden. Dank schließlich auch an Udo und andere Heteromänner, die offen genug waren, Hunderte von Manuskriptseiten über sich und ihre Unzulänglichkeiten zu lesen.

Ein Dank geht auch an alle die Menschen, die ich in meinem Berufsleben als Journalist rund um das Thema Sexualität kennen- und deren Einsichten ich schätzengelernt habe: meine KollegInnen bei ›liebe sünde‹, Dr. Susan Block in Los Angeles, Jack Boulware in San Francisco, die ehemaligen Models Candida Royalle, Sharon Kane und Kay Parker, die mir in vielen Gesprächen zu neuen Einsichten verholfen haben. Es wären noch viel mehr zu nennen, doch damit erst mal genug.

D.L.

Das Zitat auf Seite 7 wurde entnommen aus:
Tania Blixen, ›Briefe aus Afrika‹, herausgegeben von
Frans Lasson, © der deutschen Ausgabe 1988,
Deutsche Verlags-Anstalt GmbH, Stuttgart.

Adressen

Good Vibration Toys
Motzstraße 8
D-10777 Berlin
Telefon (030) 21 75 28 38
Fax (030) 21 75 28 37
täglich für Frauen und Männer geöffnet

For Ladies
Ostertorswallstraße 68
D-28195 Bremen
Telefon (0421) 32 30 40
Fax (0421) 32 30 50
täglich für Frauen und Männer geöffnet

Lady's Toys, Erotikladen für Frauen, Regine Thoeren
Geyergasse/Ecke Gürzenichstraße
D-50667 Köln
Telefon (0221) 257 10 01
Fax (0221) 257 14 88
*montags geschlossen, donnerstags und samstags
auch für Männer in Frauenbegleitung geöffnet*

Inside Her, Sandra Maravolo
Vilbeler Straße 34
D-60313 Frankfurt
Telefon (069) 29 51 00
Fax (069) 131 06 36
Email: sandra.maravolo@rhein-main.net
Internet: www.marcofthenet.com/insideher
täglich für Frauen und Männer geöffnet

Bella Donna, Aurelia Sonnenburg
Milchstraße 6
D-73728 Esslingen
Telefon (0711) 35 37 28
Fax (0711) 35 37 79
montags geschlossen, täglich für Frauen und
Männer geöffnet

Ladies First
Kurfürstenstraße 23
D-80801 München
Telefon (089) 271 88 06
Fax (089) 271 89 18
dienstags auch für Männer in Frauenbegleitung
geöffnet

Good Vibrations
938 Howard Street, Suite 101
San Francisco, CA 94103, USA
Telefon (001-415) 974-8990
Internet: www.goodvibes.com/gvindex.html